LES MÉMOIRES DE SOPHIE

SOPHIE DESMARETS

LES MÉMOIRES DE SOPHIE

Éditions de Fallois

PARIS

Les photos illustrant cet ouvrage proviennent de la collection Sophie Desmarets, *droits réservés*, à l'exception de celles des pages

I, 9 (Ph. Walter Carone) ; II, 11 ; II, 13 bas ; II, 14 haut et bas :
© Corbis-Sygma

et de celles des pages II, 8 haut et II, 10 bas :
© Agence Bernand.

22, rue La Boétie, 75008 Paris

ISBN 2-87706-449-2

À Catherine et Caroline

DRÔLE, MAIS PAS GAIE

Je risque de déconcerter plus d'un lecteur, car parallèlement aux souvenirs de Sophie Desmarets, ce sont ceux d'une autre femme que je vais essayer de mettre noir sur blanc. Il y a l'actrice, et il y a moi – et ces deux personnes n'ont pas grand-chose en commun. On pourrait même dire qu'elles ont des tempéraments diamétralement opposés. Au fond, je n'étais pas faite pour exercer ce métier vers lequel m'ont conduite les hasards de la vie. Quand je m'en suis rendu compte, il était trop tard. J'étais déjà prisonnière de mon succès. Alors j'ai continué. On ne refuse pas une chance qui vous est aussi généreusement offerte. Merci, mon Dieu !

Suis-je plus heureuse pour autant ? Si je donne l'impression de rayonner d'optimisme, si je respire la santé, l'insouciance, la gaieté, c'est dû essentiellement à ma morphologie, aux traits arrondis de mon visage et à mon nez retroussé. On se dit : celle-là, c'est une marrante ! – emploi dans lequel on m'a d'ailleurs cataloguée au cinéma, sans me demander mon avis.

C'est un fait, je fais rire, souvent je ne sais pas pourquoi.

Il m'est arrivé de rentrer à la maison après avoir

tourné l'après-midi et joué le soir, morte de fatigue, et mes filles éclataient de rire en me voyant.

Olivier de Kersauson prétendait même que j'étais la seule femme qui le fasse rire... ce qui me semble très exagéré. Parce que moi, je ne me trouve pas drôle du tout. Ma nature profonde est taciturne et maladivement inquiète. Si j'inspire la sympathie, c'est vraiment sans que je fasse rien pour. Personnellement, je ne me trouve pas si sympathique que ça. Je suis une solitaire, je fuis la société et les mondanités. Je n'aime guère les gens – c'est-à-dire que j'en aime si peu qu'on les compte sur les doigts de la main –, je leur préfère de beaucoup les animaux.

Après le théâtre, je ne vais presque jamais souper. Or c'est la nuit que l'on copine, que les êtres se confient, laissent tomber le masque, ne dissimulent plus leurs faiblesses, deviennent intéressants et plus humains. Ces occasions-là, je passe à côté. Je rentre directement, pour me mettre au lit le plus vite possible. J'ai un furieux besoin de sommeil. Il me faut mes onze heures par nuit. J'adore dormir. Si la mort, c'est dormir sans plus jamais se réveiller, je crois que j'aimerai la mort. C'est le réveil qui m'est pénible, la gamberge qui se remet à fonctionner en charriant son flot d'idées noires, et l'appréhension d'une journée à affronter. Tout m'angoisse. Dans mon lit, je me sens protégée. Quand j'étais pensionnaire, on se couchait tôt. Pendant la guerre, c'était le black-out. Je suis une enfant du couvre-feu. Je ne m'en suis jamais remise.

Et puis j'ai un défaut épouvantable. Je dis toujours ce que je pense. Si quelque chose ne me plaît pas, je fonce, je suis incapable de composer. Quand on est si peu diplomate, les rapports avec les autres ne sont pas faciles. J'ai beau essayer de me raisonner, de me tenir tranquille, rien à faire, j'explose, j'agresse... C'est comme un vertige. Ce n'est pas faute de me répéter : « Mais de quel droit te permets-tu de dire aux uns et aux autres leurs quatre vérités quand ils ne te le demandent pas ? Est-ce que toi-même, tu es quelqu'un de tellement parfait ? » Non, hélas !

Il y a des amis que j'évite, par crainte de les énerver ou de les blesser. Ceux que j'aime, je les ai souvent choqués par ma brutalité. Certains se sont lassés, et comme j'ai toujours été allergique au téléphone, il y a des proches que j'ai perdu de vue, sans raison, des amis qui pendant des années ont fait partie de mes intimes, et qui sont morts, sans même que je le sache. Personne ne m'est vraiment indispensable. Seul mon mari l'était. La mort de ma mère m'a fait de la peine, mais je m'en suis remise. Comme de celle de mon père, que je lui préférais secrètement. Mais depuis que j'ai perdu mon mari, mon Jeannot, il y a quelque chose de définitivement cassé en moi. C'est bien le seul qui me manque vraiment, le seul que j'aie vraiment aimé ; celui sans qui ma vie a perdu son sens, pour peu que la vie en ait un.

Je suis plutôt indifférente aux gens, je m'en rends bien compte, et je n'en suis pas fière. Je ne reconnais personne, je ne me souviens d'aucun nom. Je déteste aussi ceux qui gémissent, qui racontent leurs malheurs et s'apitoient sur leur propre sort, ceux qui tiennent les autres pour responsables de leurs soucis, de leurs erreurs, de leurs échecs...

Le manque de chance, on peut toujours y pallier. Comme tout le monde, j'ai eu des coups durs, mais je n'en ai pas parlé. J'estime que c'est malsain de s'appesantir sur soi-même. Plus on s'analyse et plus on souffre. C'est bête. Ça sert à quoi ?

Bref, je ne suis pas du tout la bonne fille que l'on croit. Ni patiente, ni indulgente. Je serais même plutôt teigneuse. Les éclats de méchanceté auxquels je me laisse aller me font du bien. Ils me soulagent et me donnent comme un second souffle. Mon Jeannot disait : « Il y en a deux qui te connaissent bien, ce sont Barillet et Grédy. La preuve : ils t'ont écrit *Fleur de cactus* et *Peau de vache*. Ce sont les deux sobriquets qui te conviennent le mieux ! »

Les qualités que j'apprécie le plus et qui m'épatent, ce sont sans doute celles qui me manquent : la bonté et la fidélité.

Mais si je me juge comme je juge les autres, sans complaisance, je ne suis pas non plus, comme on pourrait le croire, totalement dénuée de cœur. Je suis hypernerveuse et d'une sensibilité à fleur de peau, aiguisée parfois par un verre de champagne de trop. J'aime bien le champagne, c'est une compagnie dont je me passe difficilement. Jeanne Moreau a dit qu'il fallait choisir entre la carrière et le champagne. Comme je ne suis pas une carriériste, je me suis arrangée pour concilier les deux... Bref, champagne ou pas, je m'apitoie facilement. Je ne supporte pas le spectacle du malheur ni de la souffrance. Un rien me tire les larmes. Sans doute pourrais-je œuvrer davantage que je ne le fais envers les plus défavorisés – on peut toujours – mais ce que je fais, en tout cas, c'est en me gardant bien d'y gagner une publicité personnelle, comme certains professionnels qui se montrent charitables à grand tapage, et à bon compte.

J'ai le goût de l'ordre. Dans ma chambre, il faut que les placards et les portes soient fermés, sinon je ne peux pas m'endormir.

Je n'ai jamais été coquette, même avec les garçons.

La mode, je m'en fous… Une jupe, un chandail, et voilà. Cela dit, j'ai de la chance, car un rien m'habille et les grands couturiers ne refusaient jamais de me prêter des robes pour des soirées spectaculaires. Ceux dont les styles m'ont le mieux convenu, ce sont Lucien Lelong, puis Givenchy. En général, on trouve que j'ai du chic. Françoise Giroud écrivait de moi : « Les robes les mieux élevées prennent sur elle de mauvaises manières. » On ne pouvait pas me faire un plus joli compliment.

Si c'est être bourgeois que d'avoir le sens de la rigueur, de la morale, et le respect de certaines valeurs, alors oui, je suis une bourgeoise. Mais j'ignore les différences de classes, des hiérarchies sociales basées sur l'argent ou sur la naissance.

Je suis obstinée, excessive, une fonceuse qui va jusqu'au bout de ses idées fixes. J'ai de la résistance et de l'endurance. J'aime les travaux manuels ; les efforts physiques ne me font pas peur. Les valises trop lourdes, ce n'était pas mon mari qui les portait, mais moi. Et j'ai attrapé plus d'un tour de reins à transporter des meubles et à jardiner au-dessus de mes forces.

Si j'ai l'air de ne rien prendre au sérieux, ce n'est pas par légèreté, ni parce que je trouve que la vie est joyeuse, mais, bien au contraire, une épreuve dérisoire dont j'attends l'issue avec le plus grand scepticisme.

Alors pourquoi ne pas en rire, puisque le rire est un de nos rares privilèges ? Il faut accepter de vivre et travailler avec simplicité. J'ai une tournure d'esprit qui fait rire les gens, mais je ne suis pas gaie. Si je devais me définir, je dirais que je suis profondément triste et superficiellement gaie. Et comme on ne voit que la surface…

UNE PETITE FILLE GÂTÉE

Ma venue au monde ne passe pas inaperçue. Nous sommes le 7 avril 1922.

À onze heures du matin, la naissance d'une petite Jacqueline est annoncée par haut-parleur au Vél d'Hiv, devant plusieurs milliers de spectateurs qui assistent au déroulement de la course des Six Jours dont le très parisien Bob Desmarets, figure emblématique du monde du sport, est le fondateur. Comme ce dernier s'avère introuvable, c'est le speaker Bérétro qui lance au micro la grande nouvelle qui suscite les rires, mêlés d'applaudissements du public, tandis que mon père arrive en courant. Pour célébrer cet événement d'importance, il offre généreusement une prime de cinquante francs à tous les coureurs qui gagnent le premier tour de piste.

Mes parents avaient emménagé 56 boulevard Exelmans, en raison des fonctions que mon père exerçait au Parc des Princes où j'ai fait mes premiers pas. Si je n'ai pas le souvenir de débordements d'affection de mes parents, c'est sans doute parce que je ne recherchais pas les caresses. Je ne me revois pas sur les genoux de papa, ni ma mère en train de m'embrasser. Je n'ai jamais été du genre bisous et câlins... Mais j'ai eu l'enfance protégée d'une petite fille aimée et gâtée. Ma nounou était très jolie, sous ses cheveux blancs. Je l'appelais Bélanie, Dieu sait pourquoi, puisque son prénom était Florence. J'adorais ma marraine, Berthe Joly, dont le mari secondait mon père au Vél d'Hiv. Marraine m'avait appris à jouer aux cartes et, toute petite, j'adorais déjà ça. C'est une passion qui m'est restée. Taper le carton, c'est pour moi le meilleur moyen de sortir de l'ennui et d'oublier les emmerdes. Les parties de belote, puis de gin-rummy, m'ont sauvée de bien des moments de déprime et m'ont permis de souder des amitiés solides avec des copains de jeu.

Seule, je jouais à la poupée. J'avais de très jolies poupées, et des petites valises qui faisaient penderie. J'habillais et je déshabillais mes poupées. Je leur tricotais des vêtements. Je leur faisais la classe. Je tenais aussi une épicerie, je jouais à la marchande, bref, je m'amusais exactement comme toutes les autres petites filles. Tout ça ne mérite pas qu'on s'y attarde. Rien n'annonçait chez moi une personnalité hors du commun !

À cinq ans, on m'a mise à l'école, rue Michel-Ange, au cours Maintenon où j'ai laissé le souvenir d'une élève sans histoire ; j'ai pris des leçons de piano jusqu'à l'âge de huit ans, avec Mademoiselle Carmes. Je passais une audition deux fois l'an, et mon morceau de prédilection, c'était *La Truite* de Schubert.

Tous les dimanches matin, après la messe à l'église d'Auteuil, nous allions chercher papa au Vél d'Hiv, où avait lieu une course appelée « La Médaille », destinée aux jeunes qui s'entraînaient. C'était la coutume, après la messe, d'aller chercher papa. On rentrait à la maison où parrain et marraine venaient partager avec nous, en famille, le sempiternel gigot dominical.

J'étais encore toute petite, quand un de ces dimanches où l'on me déposait au Vél d'Hiv pour que papa me ramène, comme d'habitude, celui-ci m'avait installée dans une pièce en me recommandant de l'attendre bien sagement. « Je ne serai pas long. Je vais nager pendant une demi-heure, et je reviens te chercher. »

La piscine du Sporting Club, dont mon père était membre, se situait, je crois, rue du Cirque.

C'est pendant cette attente que j'ai découvert pour la première fois des journaux qui ne ressemblaient pas du tout à *La Semaine de Suzette*, ma lecture favorite. C'étaient de ces magazines un peu lestes, réservés aux hommes, *Le Rire*, *Aux écoutes*, qui représentaient des petites femmes en tenues légères.

En voyant mon père rentrer seul, maman s'était étonnée : « Où est Jacqueline ? »

Mon père m'avait tout simplement oubliée. Deux heures, au moins, s'étaient écoulées depuis qu'il m'avait laissée au Vél d'Hiv.

Alors, il avait foncé en voiture pour venir me rechercher. Il était arrivé affolé, pour me trouver sérieusement plongée dans la lecture de ces magazines cochons dont le sens des commentaires grivois m'échappait totalement. Mais auxquels je semblais prendre le plus grand plaisir.

J'avais neuf ans quand nous avons quitté Auteuil pour aller habiter Suresnes, sur les instances de maman. Mon père a fait construire une énorme bâtisse moderne que j'ai toujours détestée. Papa avait gagné beaucoup d'argent, et cette baraque sans style trahissait une ostentation de nouveau riche. Tout était meublé de neuf, et ce mobilier 1930, que je trouvais vulgaire, est très recherché aujourd'hui. Mes goûts ont changé aussi puisque, par la suite, j'ai regretté d'avoir laissé à mon frère, dans le partage de notre héritage, une salle à manger en gros acajou dont les fauteuils et les sièges, en forme de huit, et gainés de cuir tourterelle, témoignent d'une époque et d'un souci d'élégance bien révolus.

Alors que mes petites camarades s'extasiaient : « Tu en as une belle maison ! », moi je m'y sentais malheureuse et j'éprouvais même un indescriptible sentiment de honte. Chaque soir, dans ma prière, je demandais : « Bonne Sainte Vierge, faites que papa et maman vendent la maison ! »

Henri Desgranges avait pourtant conseillé à mon père d'acheter un hôtel particulier à Neuilly, ou à Boulogne, mais maman tenait à Suresnes, pour s'y rapprocher de ses grands amis, les Cérès.

Ma mère vouait à Madame Cérès une très grande reconnaissance pour avoir pris soin de moi comme de ses propres enfants, pendant qu'on la soignait d'une grave septicémie, et, depuis, les deux femmes étaient intimement liées.

Un peu gitans, les Cérès formaient une famille étonnante de cyclistes, coureurs de demi-fond. Ils avaient fait aménager un Vél d'Hiv miniature dans le jardin de leur propriété composée de deux pavillons en pierre meulière.

Tous les dimanches, Monsieur Cérès et ses enfants s'entraînaient, et moi, je les regardais pédaler, émerveillée, car mon père m'avait communiqué la passion du cyclisme.

Les Cérès avaient deux garçons : Tuture et Jojo, et une fille, Lélène. Cette dernière était ma préférée.

Je conserve un souvenir joyeux de nos parties de cache-cache dans le noir. C'était mes seuls amis à Suresnes.

Et puis il y a eu la guerre.

Nous avons vendu la maison, et nous nous sommes perdus de vue avec les Cérès. Pourtant, un jour, Tuture est venu frapper à la porte de ma loge, un dimanche en matinée. Je ne sais plus dans quel théâtre c'était, ni quelle pièce je jouais. Cela faisait plus de trente ans que nous étions sans nouvelles les uns des autres. Mes parents étaient morts depuis longtemps déjà.

— Tuture !

— Jacqueline !

Il m'a appelée Jacqueline comme autrefois. Quand nous habitions Suresnes, je n'avais pas encore changé de prénom.

— Tu vois, je suis venu t'applaudir !

Nous n'avions plus rien à nous dire. Nous nous sommes embrassés. Il est reparti. Et nous ne nous sommes plus jamais revus. Ainsi va la vie.

Installés à Suresnes, on m'a inscrite au lycée de Saint-Cloud où j'entrai en septième. C'est mon père qui m'y conduisait chaque matin. On lui avait offert une Rosengard. Comme il pesait cent dix kilos et mesurait un mètre quatre-vingt-dix, il avait l'air d'un dinosaure au volant de sa petite voiture, et ça inspirait les caricaturistes.

À neuf ans, j'avais grandi de douze centimètres en l'espace de quelques mois. Montée en graine, j'étais maigre comme un clou, et on m'appelait Olive. Vous vous rappelez : la femme de Popeye ! Et puis, je me suis mise à tousser. Le médecin a conseillé à mes parents de m'envoyer en Suisse. C'est ainsi que j'ai échoué à Gstaad, dans une maison d'enfants qui s'appelait Montesano. J'y suis restée un an complet. Et les années suivantes, j'y retournai de Noël à Pâques, car mes poumons étaient troués comme du gruyère !

Toujours pour que je respire au grand air, je passais le printemps et l'automne pensionnaire au collège de Neauphle-le-Château, dont la proximité avec Paris me permettait de rentrer chaque week-end à la maison pour y retrouver mes parents.

Entre Gstaad et Neauphle – trois mois ici, trois mois-là – je n'ai jamais eu le temps de travailler sérieusement.

À Montesano, je suivais distraitement les cours par correspondance de l'École universelle, avec l'aide d'un professeur. Mais, dans les maisons d'enfants, on n'apprend rien. Même pas le ski ! Je m'y suis mise d'instinct, en me débrouillant toute seule. J'allais partout, comme je pouvais, en dérapant, sans rien savoir des règles les plus élémentaires. Je manquais totalement de style. Mais je m'amusais bien, en promenade, pas sur les pistes, où j'avais peur. Les vrais skieurs allaient beaucoup trop vite pour moi.

À Neauphle, dans un très joli château où nous ne comptions pas plus de cinq par classe, j'ai été une élève moyenne. Les seules matières pour lesquelles je manifestais quelque intérêt, c'était la littérature, l'histoire, et surtout la géographie. J'ai toujours été fascinée par les mappemondes. Ah ! le plaisir de faire tourner la terre, de l'Afrique au pôle Nord… Je pouvais étudier des cartes, des plans, pendant des heures. Je suis restée imbattable pour dresser l'itinéraire d'un voyage et découvrir le chemin le plus court pour aller d'un point à l'autre de Paris. J'en remontre aux chauffeurs de taxi.

Si un jour on me met en prison, je demanderai qu'on me donne une mappemonde et des plans de villes. Et les journées passeront très vite !

Si cette scolarité vagabonde a restauré ma santé, et rendu pour moi le pensionnat synonyme de grandes vacances, elle a, en revanche, gravement compromis mon éducation. Je n'ai passé aucun examen, je ne possède aucun diplôme. Le peu que je sache, je l'ai appris hors de l'école. Mais que de lacunes... Je m'en veux un peu de n'avoir pas su mieux profiter de mes propres facilités – car j'avais l'esprit ouvert – et de celles que m'offrait mon enfance privilégiée. Pour pallier à mon ignorance, je me moque parfois un peu lourdement des intellectuels... Les raisins sont trop verts, sans doute. Vous voyez, je ne me passe rien !

Pour en revenir à Gstaad, je m'y suis tout de suite plue. Bien qu'adorant mes parents, sans doute suis-je un de ces rares enfants qui ait préféré l'internat à la vie familiale.

À Montesano, je me suis attachée à Beibi et Nudi de Baroda. Plus jeunes que moi de deux ans, je les maternais. Beibi était adorable Tous les soirs, j'allais l'embrasser dans son lit et ajuster pour elle l'appareil dentaire qui la gênait. Elle me disait : « Tu es gentille. Quand tu viendras plus tard à la maison, je te donnerai un éléphant ! » Parfois leur maharadjah de père venait les voir et, à cette occasion, il louait un étage entier du Palace, afin d'y loger toutes ses femmes. Et puis une année, je n'ai pas retrouvé Beibi et Nudi à Montesano. Ils étaient partis poursuivre leurs études en Angleterre. Si je n'ai plus rien su d'eux, je ne les ai jamais oubliés. Quand nous étions fatigués de Paris, il m'arrivait de plaisanter avec Jeannot : « Nous devrions aller vivre en Inde. Toi qui aimes les livres, tu serais le bibliothécaire du maharadjah de Baroda ! » Ce n'était pas une très bonne idée. Les choses n'ont pas tourné si bien que ça pour les Baroda et, à ce qu'on m'a dit, le maharadjah a fini ses jours, ruiné, seul, sans ses femmes, en exil, à Londres.

Du collège de Neauphle, comme de Montesano, je conserve un souvenir merveilleux. Parmi mes camarades, presque toutes étrangères, mes favorites étaient Éliane Nahon, une Égyptienne dont les parents habitaient Neuilly et Le Caire, et la Vénézuélienne Lucita Carpio. Mais ces amitiés n'allaient jamais jusqu'aux confidences. Je n'ai jamais eu de ces relations passionnées, où l'on se dit tout, qu'ont entre elles les petites filles et la plupart des femmes. Aussi bien avec mes amies qu'avec ma famille, je suis toujours restée très renfermée, très secrète.

C'est lors de mes années d'internat qu'a dû germer, sans que je m'en rende vraiment compte, mon intérêt pour le théâtre. À Gstaad, j'ai joué dans deux comédies de Labiche.

À Neauphle, c'était déjà beaucoup plus ambitieux, puisqu'on avait monté *Iphigénie*. Mais je ne me souviens plus du rôle que j'y tenais… celui d'un homme, ça, j'en suis sûre, à cause de ma voix ! Achille, peut-être ?

Comme tous les solitaires, j'aimais beaucoup la lecture.

L'âge de *La Semaine de Suzette* une fois passé, j'avais enchaîné, comme il se doit, avec la comtesse de Ségur et Zénaïde Fleuriot, et puis des romans, pas toujours de mon âge – je me souviens d'avoir dévoré en cachette, dans le grenier de la maison de Suresnes, *La Garçonne* de Victor Margueritte qui avait fait scandale – et les journaux de cinéma : *Cinémonde*, *Pour Vous*, *Ciné-Revue*... Je savais tout des vedettes de l'écran. Je découpais leurs photos que j'épinglais aux murs de ma chambre.

Le jour de ma première communion, comme j'étais folle de Pierre-Richard Wilm qui en était la vedette avec Marie Bell, j'ai absolument voulu aller voir *Le Grand Jeu*.

« Pas question ! Ce n'est pas un film pour une première communiante ! » a dit maman.

Alors je me suis roulée par terre dans ma belle robe blanche, j'ai piqué une telle crise que j'ai fini par obtenir gain de cause. Mes parents manquaient parfois d'autorité.

Un jour, nous sommes allés, en famille, voir *Le Mystère de la chambre jaune*, au Mozart-Pathé, notre salle de prédilection, pour la bonne raison que mon père y bénéficiait d'entrées gratuites. Et le soir, mon frère Jacques et moi, sans nous le dire, nous nous sommes retrouvés dans le lit de nos parents, où nous nous étions réfugiés, tellement le film nous avait fait peur. Nous avons passé la nuit comme ça, tous les quatre, couchés ensemble !

MON FRÈRE JACQUES

Bien que mon frère Jacques ait été mon aîné de quatre ans, je ne sais pourquoi, je me suis toujours considérée comme sa grande sœur. Cette différence d'âge justifiait que nous ne partagions pas les mêmes jeux ni les mêmes camarades.

En grandissant, nous aurions pu nous rapprocher l'un de l'autre. Il n'en fut rien. Nos parents mis à part, nous n'avions vraiment pas grand-chose en commun. Il me reprochait d'être snob, de prendre des airs, et pour me tourner en ridicule, il affectait un ton « populo » confinant à une vulgarité qui ne lui était pas vraiment naturelle. Moyennant quoi, il m'énervait facilement et il me faisait même un peu honte.

Il n'était ni méchant ni idiot. Il aimait la lecture, et il était même assez cultivé. Mais il faisait tout pour le cacher. Dissipé, passablement paresseux, il ne fichait rien à l'école, et passait son temps à faire le singe pour distraire ses camarades. De guerre lasse, mes parents l'ont mis en pension, au collège de Normandie, une institution ultra chic où Jacques côtoyait le fils du Shah de Perse et les enfants de tout le Gotha. Là aussi, sans doute par esprit de rébellion, à moins que ce ne fût par manque de confiance en soi, il prenait un malin plaisir à marquer sa différence avec ses camarades et leurs manières aristocratiques.

Comme nous étions tous les deux en pension, on ne se voyait que pendant les week-ends, et en vacances.

Je me souviens que, toute petite, je lui présentais hypocritement du poivre dans une soucoupe, et je lui disais : « Souffle ! » Il le faisait, cet idiot, et il en prenait plein les yeux. Alors il se mettait à hurler : « Au secours ! Jacqueline veut me rendre aveugle ! » et je me tordais de rire.

Une autre de mes grandes joies consistait à attraper des mouches, leur arracher les ailes et les faire courir dans l'eau. Charmante enfant ! Moi qui maintenant adore les animaux ! J'étais véritablement un petit monstre.

Au bord de la mer, une des grandes distractions de mon frère, c'était d'aller pêcher le tacaud. Pour ça, il avait un tour de main quasi professionnel. Je le revois, lançant en même temps que sa canne à pêche cette formule cabalistique : « Tac tac tac tac tacaud... » et hop ! il sortait chaque fois de l'eau un petit poisson accroché au bout de sa ligne.

Quand il en avait pêché suffisamment, il faisait du porte-à-porte chez l'habitant pour les vendre. Ça rendait ma mère littéralement folle de colère, car elle craignait que les voisins ne pensent que c'était elle qui l'envoyait.

En grandissant, Jacquot s'est intéressé davantage à la pêche aux filles qu'à celle du tacaud. À quinze ans, il était devenu très beau, et il remportait son petit succès sur la plage auprès des copines que nous retrouvions chaque saison. Mais pendant un été ou deux, il leur préféra la compagnie d'une nouvelle venue, une jolie petite blonde avec un grand nez, qui prenait des poses, et que nous ne fréquentions pas, parce que nous lui trouvions mauvais genre. Elle s'appelait Maryse Mourer, pour devenir, après avoir changé de nom et de nez, la grande vedette Martine Carol...

J'ai découvert des années plus tard, au fond d'un placard, des cartes de visite que mon frère avait fait imprimer, ainsi rédigées : « Jacques Desmarets, président du Club de la Baizouille. » C'était un rigolo plein de finesse, mon frère Jacques !

À sa sortie du collège, il ne savait toujours pas ce qu'il avait envie de faire. Il parlait aussi bien d'entrer dans les ordres que de devenir coureur à pied. Comme il était clair qu'il ne serait jamais polytechnicien, mon père n'eut plus que le souci d'arracher son fils à l'oisiveté, et abandonnant toute ambition pour lui, il intervint auprès d'un de ses amis, colonel des sapeurs-pompiers de Paris, pour qu'il lui trouve un emploi. C'est ainsi qu'il est devenu pompier, et sans doute par protection, chauffeur du colonel. Il n'a pas profité longtemps de cette faveur. Au bout de quelques semaines, il a été mis aux arrêts pour avoir engueulé son supérieur sous prétexte qu'il « en avait marre de faire le poireau à l'attendre » ! Sa peine purgée, plus question de véhiculer le colonel. Jacquot s'est alors retrouvé sapeur-pompier. Était-ce vraiment utile de passer par le collège de Normandie pour apprendre à éteindre les incendies, et aller récupérer les chats des vieilles dames, égarés sur des gouttières ?

Lorsque je décidai de faire l'actrice, c'en fut trop pour ma mère qui ne cessa de se lamenter : « J'ai un fils pompier et une fille théâtreuse ! Mais qu'est-ce que j'ai fait à la petite sainte Thérèse ? »

Il n'empêche que cette profession d'utilité publique épargna à mon frère cinq ans de captivité. Mobilisé en 40, on l'a enrôlé dans les lance-flammes, et envoyé en première ligne. Après avoir lancé de l'eau, il lançait des flammes.

Fait prisonnier par les Allemands, il a été libéré presque aussitôt, comme tous les policiers et les pompiers de Paris.

Toute l'Occupation, il l'a passée sous le casque de pompier, à un âge ou il aurait pu se faire une situation. Il a pourtant gardé la nostalgie de ces années-là, comme les meilleures de sa vie. Il a fait un enfant à une fille très gentille qu'il a épousée.

Sans s'attacher à aucun, il a exercé une quantité de métiers, même celui d'acteur quand il était un charmant petit garçon et que mon père l'a fait engager dans *Le Roi de la pédale*, un film qui s'est tourné avec Blanche Montel et le comique Biscot, dans le cadre du Vél d'Hiv.

À son tour, papa incarnera son propre rôle, pendant les Six Jours, dans *Le Roi des resquilleurs* dont son grand copain, le populaire Georges Milton, était la vedette.

Je devais avoir dans les huit ans et, à cette occasion, papa m'avait permis de venir assister au tournage. Ça a été mon premier contact avec l'envers du cinéma. Et je n'étais pas peu fière de voir Milton en chair et en os chanter : *« T'en fais pas, Bouboule, n'attrape pas d'ampoules... »*, que je ne tardai pas à savoir par cœur. Pas de doute, la graine de l'intellect était en train de germer dans ma petite cervelle. En tout cas, ce refrain d'une philosophie simplette traduisait bien l'état d'esprit des Français à la veille de 1939. Il allait sans doute m'inspirer la devise : « Tout ça n'est pas grave ! »

que j'adoptai et qui me permit, tout au long de ma vie, de relativiser les choses, quand je leur accordais plus d'importance qu'elles n'en avaient.

Quand *Le Roi des resquilleurs* est sorti, papa en a fait organiser une projection à Préfailles, une petite station balnéaire, en Loire-Atlantique, où nous passions toutes nos vacances, et dont je parlerai plus loin.

Lorsque Bob Desmarets est entré dans la salle – ça se passait à l'hôtel Sainte-Marie – tous les spectateurs se sont levés pour lui faire ce qu'on nomme pompeusement aujourd'hui à la télé une « standing ovation ».

PAPA, MAMAN ET LE VÉL D'HIV

J'ai eu la chance d'avoir des parents attentifs et aimants. Alors pourquoi me sentais-je plus heureuse en pension qu'auprès d'eux ? Parce qu'ils ne s'entendaient pas, et qu'à la maison l'atmosphère était toujours lourde. Les scènes éclataient entre maman et papa à presque chaque repas. Alors que papa semblait toujours de bonne humeur, maman récriminait, l'agressait, se plaignait de tout, pleurait... Les enfants sont très sensibles à la tension et aux cris, surtout s'ils ne comprennent pas les raisons qui motivent ces éclats. Je me suis promis que, quoi qu'il puisse m'arriver plus tard, j'épargnerais ces climats tendus à mes propres enfants. Pari tenu. Je n'ai peut-être pas été la mère idéale, mais du moins mes filles n'ont-elles jamais eu à subir le spectacle de parents qui s'engueulaient et se déchiraient.

Mes parents s'étaient-ils aimés ? Sûrement. Et sans doute s'aimaient-ils encore. Mais ils étaient trop dissemblables, et ne se rendaient pas heureux l'un l'autre.

Et si mon père cherchait, et trouvait, quelques compensations hors de son foyer, ma mère, en revanche, remâchait ses rancœurs, refermée sur elle-même.

Fils de colonel, mon père descendait d'une famille de militaires. Né à Falaise, ville de garnison, et après avoir fait ses études et passé son bac à Nancy, il monte à Paris pour se lancer dans le journalisme.

Il est très vite adopté par Henri Desgranges, fondateur du Tour de France et directeur du journal *L'Auto*, et par les frères Goddet qui en sont les propriétaires. Desgranges apprécie le style alerte de sa jeune recrue. Bob Desmarets gravit rapidement les échelons qui le conduisent à la réussite. Sa personnalité, ses idées novatrices, son sens de la communication, ont définitivement séduit son patron dont il devient un inséparable, et qui lui confie, outre la direction de la publicité du journal, celle du Vélodrome d'Hiver.

C'est mon père qui crée la course des Six Jours de Paris. Il lance aussi la caravane publicitaire qui accompagne le Tour de France.

C'est encore lui qui importe les courses de lévriers au Parc des Princes dont il assume également la direction.

Il met à la mode les dioramas publicitaires. C'est lui qui a l'idée de l'affiche Michelin où l'on voit un rémouleur aiguiser ses couteaux sur un pneu, et de bien d'autres choses qui vont attirer l'œil du public, l'amuser, l'intriguer, et le faire acheter !

Sous son impulsion, le Vél d'Hiv connaît un éclat particulier. Les courses de demi-fond sont à la mode – un sport très dangereux, venu des États-Unis et dont notre ami Cérès est le champion incontesté. À l'encontre des « américaines » qui se disputent à deux, en équipes, le demi-fond se pratique seul, derrière une moto. Le cycliste doit se coller, au plus près, à la moto. Ce genre d'exercice provoquera des accidents terribles.

Très sympathiques, en général, les cyclistes venaient d'horizons divers, mais toujours de milieux extrêmement simples. Quand j'entends les coureurs d'aujourd'hui s'exprimer à la télévision, j'ai l'impression que ce sont des énarques auprès de ceux que j'ai connus quand j'étais petite fille, et qui étaient pratiquement tous analphabètes. Quand ils parvenaient à se faire un nom, l'argent leur venait trop vite et trop facilement. Ils n'avaient aucun sens de sa valeur. Ma mère était choquée quand elle voyait Cérès tirer un billet de dix mille francs de sa poche pour le donner en pourboire. Aucun de tous ces sportifs ne s'est retiré fortune faite. Pourtant il y a eu des vedettes : Francis Pelissier, Toto Grassin... des noms connus des gens qui s'intéressaient au cyclisme et totalement oubliés aujourd'hui.

Quand, dans les années soixante, j'ai ouvert une galerie d'antiquités, un petit vieux rabougri est entré un jour dans le magasin : « Bonjour, Jacqueline. Tu ne me reconnais pas ? »

Non, je ne l'avais pas reconnu. C'était Toto Grassin. Il était devenu livreur de journaux à *France-Soir*. Ça m'a serré le cœur.

Un des talents de mon père, c'était de se sentir aussi à l'aise avec ses copains cyclistes qu'avec les gens de la haute.

Les Six Jours n'attiraient pas seulement un public populaire. Autour de la piste, où les cyclistes tournaient vingt-quatre heures sur vingt-quatre, il y avait des loges et, au centre, c'était la pelouse avec un très bon restaurant où le soir, après le théâtre, des artistes connus, des personnalités du Tout-Paris, venaient souper et sabler le champagne.

Ça chauffait, quelquefois, dans les tribunes et il n'était pas rare que des supporters éméchés, qui restaient parfois six jours là-haut, s'amusent à balancer sur la tête des privilégiés des canettes de bière, des tomates, des boîtes de sardines.

Le jour où il y a eu des blessés, mon père a décidé de prendre des mesures, et il a désarmé le petit peuple turbulent en l'isolant derrière un grillage. Privés de leur passe-temps favori, on peut imaginer leur mécontentement. Ils accusaient mon père d'être un sale capitaliste. Il recevait des lettres de menaces. « Salaud, on veut ta peau ! on t'aura. Tu nous empêches de nous distraire ! »

Pendant deux ou trois ans, il s'est fait protéger par Monsieur Maizaud, un policier qui l'escortait partout et qui est devenu un ami fidèle.

Dès que j'ai été en âge de sortir le soir, j'allai de temps en temps passer un moment aux Six Jours avec mes parents ou avec des copains. J'aimais l'atmosphère survoltée du Vél d'Hiv et ce mélange si disparate de gens qui s'y côtoyaient.

Fille d'une tante maternelle désargentée que j'ai fort peu connue, ma cousine Yvonne, surnommée Nine, avait été prise en charge par mes parents qui assuraient son éducation. Elle était tombée amoureuse d'un coureur cycliste, Émile Ignat. C'était un très gentil petit gars qui pédalait pour essayer de sortir de son milieu de misère. Il faisait équipe avec un coureur dont le nom était Diot. Quand Émile a épousé Nine, en guise de cadeau de mariage, mon père s'est arrangé pour faire gagner les Six Jours à l'équipe Ignat-Diot. Cela représentait beaucoup d'argent. Car il y avait les primes. Toutes les grosses boîtes, les grands patrons offraient des primes. Plus on s'acheminait vers la fin des Six Jours, plus les primes étaient importantes, et c'était l'équipe gagnante qui se les partageait. Les résultats des courses étaient donc truqués ?

Je ne m'en étais jamais doutée, et cette découverte fut pour moi la révélation que, à une échelle plus modeste qu'aujourd'hui, la corruption existait déjà bel et bien dans le domaine du sport.

D'ailleurs mon père avait dû magouiller pas mal, et même exagérer un peu, puisqu'en 1937 il s'est fait débarquer du Vél d'Hiv. Je n'ai jamais trop su pourquoi ni comment, mais c'est un fait, du jour au lendemain, il a perdu son poste de directeur. La chose s'est passée en douceur. Desgranges et les Goddet ont continué de le soutenir. Il est resté chef de publicité à *L'Auto*. Et rien dans notre train de vie ne s'en est trouvé modifié.

Plusieurs années de suite, mon père nous a aussi emmenés, avec mon frère Jacques qui était, plus encore que moi, passionné de cyclisme, rejoindre le Tour de France, à différentes étapes.

La caravane publicitaire précédait le peloton du Tour.

Nous les suivions dans la voiture de papa. Le chocolat Nestlé, les pâtes Lustucru et plein de grandes marques étaient représentés, et leurs camions en assuraient la publicité. Avec eux s'installaient de vraies fêtes foraines à l'étape.

Jacquot et moi nous amusions comme des fous. On nous distribuait des chapeaux de papier, des cotillons, plein de gadgets, des sucreries et toutes sortes de cochonneries dont nous nous gavions. La dernière étape à laquelle j'ai participé, c'était en 39, juste avant la guerre, à Bordeaux. C'était la belle vie. Nous étions invités dans les plus grands restaurants. Je me souviens encore m'être régalée d'un plat de cèpes au *Chapon fin,* dont le décor de rocailles qui évoquait pour moi la grotte miraculeuse de Lourdes m'avait beaucoup impressionnée.

Dès que j'ai été un peu plus grande, mon père m'emmenait parfois avec lui à une première, à une inauguration, à un gala. Alors que maman trouvait toujours une excuse pour ne pas l'accompagner, moi, je ne me le faisais pas dire deux fois.

Vers 1937, c'est lui qui avait lancé le très populaire concours des « Fiancés de Byrrh » qui se tenait régulièrement à la Salle Pleyel. Chaque séance était parrainée par une vedette. Celle du jour était Charles Trenet. Depuis Milton, mes goûts s'étaient affinés. C'est de Trenet que maintenant j'étais folle. Installée au premier rang, alors que le regard du chanteur se promenait aveuglément sur les spectateurs, en s'attardant parfois sur l'un d'eux sans pour autant le voir, j'étais absolument persuadée que Trenet s'adressait à moi, qu'il chantait pour moi. Au comble de la surexcitation, je tirais mon père par le bras : « Mais si, papa, je te jure, il m'a encore regardée ! Il m'a même fait un clin d'œil ! », et mon père avait toutes les peines du monde à me calmer, sans parvenir pourtant à me convaincre que je fantasmais.

Ma passion pour Trenet n'était pas le caprice d'une adolescente exaltée. Elle a été durable, et mon admiration pour lui n'a fait que grandir.

Avant-guerre, au cours d'une de mes toutes premières expériences à Radio-Cité où je m'essayais comme speakerine, en faisant valoir les mérites de Mireille « le couturier de Montmartre », j'ai eu l'insigne honneur de présenter Charles Trenet, et j'ai provoqué la panique dans la régie en restant muette quelques instants de trop, tant j'étais fascinée par la beauté de ses mains.

Pendant plus d'un demi-siècle, chaque fois que j'ai pu le faire, j'ai été présente, et avec un enthousiasme toujours neuf, à ses retours sur une scène parisienne. Ses chansons ont ponctué les plus belles heures de ma vie, et enrichi mes émotions intimes, au souvenir de certaines desquelles elles demeurent à jamais liées.

En 1986, Charles Trenet était venu me voir, lors de la reprise de *Fleur de cactus*, à la Comédie des Champs-Élysées, lui qui se dérangeait si peu pour les autres, et sa présence m'avait émue. J'ai toujours conservé la photo qu'il avait dédicacée à Sophie Desmarets, « joyeux génie du théâtre vivant ». Même si les compliments me laissent sceptique, et je sais que celui-ci est outrageusement flatteur, il n'empêche que, venant de Trenet, il me touche particulièrement.

Mais retournons à mes quinze ans. Je ne me doutais point que j'étais très privilégiée et que mon existence était beaucoup plus amusante que celle des autres enfants. Cela me semblait tout naturel. J'étais un peu gênée par la faconde, l'entregent et la jovialité de mon père. Quelquefois, je le trouvais même un peu vulgaire. Il ne l'était pas. En accord avec une stature qui en imposait, il avait simplement le style hâbleur, la rondeur et le tutoiement facile des hommes arrivés sous la Troisième République.

Il est mort en 1946, subitement, au Théâtre de la Ville, en déposant son manteau au vestiaire. Moi, j'étais à Venise, où je tournais un film. Il avait eu une altercation l'après-midi avec René Froissant, mon premier mari auquel j'avais l'imprudence d'envoyer les chèques de mes cachets, pour qu'il les dépose à la banque. Comme il était un joueur invétéré, toujours endetté, il lui arrivait de m'« emprunter » de l'argent sans éprouver le besoin de me le dire. Non pas qu'il fût malhonnête. Il avait sincèrement l'intention de me rembourser. Mais cela dépendait davantage des cartes que de lui, et les cartes n'étaient pas toujours favorables ! À l'époque, il suffisait d'endosser un chèque libellé au nom de n'importe qui pour pouvoir l'encaisser. C'était facile. Alerté de ses indélicatesses, mon agent Paul Olivier (le plus mauvais impresario de Paris, bien qu'il eût Raimu pour client) avait mis au courant mon père dont il était un vieil ami. Et ma fidèle servante, Mimi, scandalisée, lui avait fait savoir que mon mari recevait sans vergogne, à mes frais, pendant mon absence, une maîtresse sous le toit conjugal. C'en était trop pour mon père qui s'est mis très en colère, et sans doute est-ce le contrecoup de cet affrontement qui lui a été fatal. Il venait de dire à maman combien il était heureux de se retrouver dans ce théâtre où j'avais eu mon premier grand succès public dans *Le Soldat et la sorcière*, quand il a été terrassé. Je n'ai même pas pu revenir à Paris pour les obsèques. Mon metteur en scène m'a fait valoir combien mon absence handicaperait la production, et j'ai cédé à ses prières. Je me suis dit que, de toute façon, ma présence n'aurait pas ressuscité mon père. Mais j'ai éprouvé un immense chagrin et quand je suis rentrée, à tous les témoignages que j'ai reçus j'ai pu mesurer combien il était aimé, et que Bob Desmarets, c'était quelqu'un.

À quelque temps de là, alors que je commençais à être connue, un jour que je déjeunais chez Prunier, rue Duphot, un maître d'hôtel s'est gentiment adressé à moi : « Nous aimions beaucoup Monsieur Desmarets. C'était un de nos plus fidèles clients. Il venait presque tous les jours manger sa douzaine d'huîtres accompagnée de tartines de pain bis beurrées, et arrosée d'un bon petit Muscadet ! » Ça m'a fait rire, car après s'être ainsi restauré, papa rentrait à la maison pour se mettre à table, et maman s'extasiait : « Vois comme ton père est raisonnable ! Et comme il observe sagement son régime ! » Le faux-cul !

Autant mon père était sociable, autant maman était introvertie. Elle n'aurait souhaité que retenir papa à la maison où, malgré l'assistance de domestiques, elle passait ses journées à astiquer et à couvrir les meubles de housses. Ce n'était pas du tout le genre d'épouse qui convenait à Bob Desmarets. Il aurait fallu qu'elle soit dans le coup, plus parisienne… Maman était jolie et très élégante, mais profondément petite-bourgeoise. Selon elle, on reconnaissait une bonne femme d'intérieur à ses culs de casseroles, et mon frère et moi, nous répétions à qui voulait l'entendre : « Comme dit maman, on reconnaît une bonne maîtresse de maison à son cul ! », ce qui nous attirait, comme toujours, ses foudres et ses malédictions.

Je crois qu'elle venait d'un milieu très simple. Je n'ai connu aucun de mes grands-parents. Ma mère ressemblait à la sienne dont les traits dégageaient une grande douceur, d'après les photos que j'ai vues d'elle. Elle avait épousé un homme beaucoup plus âgé qu'elle, un Monsieur Latreille, propriétaire du *Cor de chasse*, une maison de location de costumes. Lassé de son métier, un jour, mon grand-père a liquidé son affaire pour acheter un parc à huîtres, en Bretagne. C'est là que les paysans ont dit : « Il est arrivé en carrosse, il repartira en "sabiauds" ! », prédiction qui s'est, hélas, avérée juste. Il ne connaissait rien à l'ostréiculture, et ce n'étaient pas les indigènes qui allaient faciliter les choses au Parisien. Complètement ruiné, il s'est mis à boire, et il a même sombré dans l'alcoolisme. Ils ont quitté la Bretagne, et ensuite, je ne sais ce qu'ils sont devenus.

Quand mon père a rencontré maman, elle gagnait sa vie comme couturière.

Aussi loin que je me souvienne de ma mère, je m'en rends compte maintenant, elle a toujours été un peu dérangée. On disait d'elle : « Elle a un grain ! » ou bien « Elle est un peu piquée ! », comme on parle d'une personne excentrique. En vérité, c'était bien plus grave. Nous ne l'avons su que beaucoup plus tard, trop tard. Elle avait la maladie d'Alzheimer – à l'époque on appelait ça : artériosclérose du cerveau – et cela devait remonter à bien plus loin que nous ne le supposions. Quand j'avais dix-sept, dix-huit ans, elle m'appelait : papa. Elle me disait : « Écoute, papa, tu ne vas pas mettre cette jupe-là pour aller au Conservatoire ? » Je lui répondais : « Mais je ne suis pas ton père ! », ce à quoi elle rétorquait : « Je sais bien, mais pour moi, tu es papa ! »... Cela faisait rire tout le monde, moi la première, mais aujourd'hui, quand j'y repense, ça me bouleverse.

Quand nous avons quitté la maison de Suresnes, elle a poussé mon père à acheter un appartement sinistre rue Cardinet, alors qu'il y en avait un qui nous plaisait à tous, bien davantage, dans le bas de la rue de Wagram, sous prétexte que son buffet, un énorme buffet 1930 en merisier, avec des grosses poignées, ne pouvait pas entrer dans la salle à manger.

En voiture, elle avait toujours peur. Sur une route un peu étroite, elle obligeait mon père à s'arrêter avant chaque virage, et elle descendait pour aller voir si aucune voiture ne venait en sens inverse. Aux moments les plus incongrus, elle était prise d'une urgente envie de faire pipi, elle avait des vertiges, mal au cœur. Mon père avait une patience d'ange, même s'il n'en était pas un. Il s'en fallait même de beaucoup. Il a fait pas mal de mistoufles à ma pauvre mère, et ça n'a pas dû stabiliser un équilibre nerveux aussi fragile que le sien. Un jour, au Vél d'Hiv, pendant les Six Jours, elle s'est présentée à l'improviste pour aller dans sa loge, et le placeur lui a répondu : « Mais Madame Desmarets y est déjà ! »

Bob Desmarets était très cavaleur et il trompait sa femme d'une façon éhontée. On chuchotait que l'épouse d'un masseur des coureurs des Six Jours, une Bretonne, était sa maîtresse et qu'il lui avait acheté une crêperie. Mais on racontait tant de choses...

J'étais encore petite quand, un jour, j'ai entendu des hurlements. Maman relevait depuis peu de temps de la septicémie dont elle avait failli mourir. On lui avait même administré l'extrême-onction. Or, que venait-elle de découvrir au fond d'un placard ? Une pile de faire-part où elle lut, horrifiée : *Robert Desmarets a la douleur de vous annoncer le décès de son épouse Yvonne Desmarets, née Latreille...*

Persuadé de l'imminence d'une issue fatale, avait-il anticipé pour ne pas être pris au dépourvu ? Yvonne Desmarets n'y voyait que l'aveu d'un époux impatient de se débarrasser de sa femme. Elle le maudissait en proférant qu'elle allait se jeter par la fenêtre, menace qui revenait comme un leitmotiv dans ses imprécations. Lassés de l'entendre, mon frère et moi, nous allions ouvrir grande la fenêtre, et nous la provoquions avec un sens de l'humour discutable : « Chiche ! Saute ! Mais saute donc ! » Les cris de ma mère redoublaient : « Monstres ! Enfants maudits ! » Et d'appeler sa petite sainte Thérèse à son secours... Nous rions de plus belle. Pauvre maman...

Elle aimait le théâtre. Une fois, papa nous avait emmenées au Gymnase, elle et moi – car j'avais dû les tanner pour y aller aussi –, voir une pièce de Bernstein : *Le Cœur*, qui fit battre le mien, surtout parce que j'y découvrais sur scène Claude Dauphin et Jean-Pierre Aumont que je devais retrouver professionnellement par la suite, ce dont je ne me doutais certes pas ce soir-là.

Aussitôt installée dans son fauteuil, maman avait ôté ses chaussures et elle allait, selon son habitude, oublier de les remettre en se levant pour quitter la salle. C'est papa qui les a ramassées en la rappelant : « Yvonne ! tes chaussures... ! »

Elle allait devenir de plus en plus insupportable. Au début de l'Occupation, quand je commençais de suivre des cours dramatiques, elle me chicanait sans arrêt. J'étais élève au Conservatoire, j'avais permission de neuf heures. Les jours de concours, quand il y avait un examen, je mettais des bas, je m'habillais bien, et elle me disait : « Tu ne vas pas sortir dans cette tenue !... Va tout de suite retirer ces bas, ils te donnent mauvais genre... »

C'étaient des observations, des criailleries, des interdictions... Je ne pouvais plus la supporter.

À vingt ans, je ne me suis pas mariée par amour, mais pour échapper à cette tutelle oppressante et vindicative.

Après la mort de papa, elle se sentait seule dans leur grand appartement de six pièces, et j'ai cru bon de la pousser à l'échanger avec le studio de mon frère qui, lui, s'y trouvait à l'étroit avec sa petite famille. C'était une mauvaise idée d'arracher maman, dans son état, à son environnement, à ses meubles, à ses habitudes. Elle a été très malheureuse et elle dépérissait dans ce petit studio, elle se sentait comme en exil, au fond de Neuilly. Elle ne voyait personne. Elle ne pouvait plus supporter mon frère qui était représentant de commerce chez Pernod. À force de vanter les mérites du produit qu'il vendait, il avait fini par y prendre goût.

Je venais d'emménager avec Jean de Baroncelli, mon second mari, avenue Mac-Mahon, dans l'immense appartement de son père dont il venait d'hériter.

Jeannot a eu la générosité de me proposer que maman vienne habiter avec nous. Elle y est restée deux ans. Elle déraillait un peu de temps en temps, mais guère plus qu'avant. Elle me disait : « Tu me prends toutes mes robes ! Veux-tu me rendre cette jupe ! » Je lui répondais : « Tu te trompes, maman. C'est ma jupe. » Mais elle s'entêtait : « Non, non, elle est à moi. Je la reconnais ! »

D'autres fois, elle prenait à part nos invités pour leur

chuchoter à l'oreille : « Méfiez-vous de Jacqueline ! Elle me vole tout ! » Pour ceux qui n'étaient pas au courant de son état, c'était gênant, mais pas trop grave ; jusqu'au jour où Jeannot s'est aperçu qu'au lieu d'aller promener notre petite Caroline au Bois comme elle prétendait le faire, maman se contentait de traverser inlassablement dans les deux sens l'avenue Mac-Mahon, l'avenue Carnot, l'avenue de la Grande-Armée, en poussant le landau devant elle. Elle tournait autour de l'Étoile, au risque de se faire écraser avec notre bébé. Elle devenait dangereuse pour Caroline, et c'est là que nous avons décidé de nous séparer d'elle. Nous l'avons fait hospitaliser dans une maison ravissante qui accueille les malades mentaux, à La-Vallée-aux-Loups, l'ancienne propriété de Chateaubriand. Elle se promenait dans le parc d'où elle chassait les autres pensionnaires. « Vous allez piétiner mes pelouses ! Allez-vous-en ! » Les infirmiers la raisonnaient. « Allons, Madame Desmarets, calmez-vous ! »

Elle s'est éteinte là-bas. Je ne crois pas qu'elle y ait été malheureuse. Elle était déjà ailleurs. N'empêche que j'ai une hérédité inquiétante… C'est la raison pour laquelle je suis la dernière, quelquefois, à m'étonner de certaines de mes réactions inattendues.

PRÉFAILLES, LOIRE-ATLANTIQUE

Petite station balnéaire située au sud de Nantes, Préfailles est figée dans le temps, comme oubliée des promoteurs.

À Préfailles, rien n'est vraiment beau, mais – ce qui est beaucoup plus rare – rien n'est laid. Préfailles aurait pu être inventée par Jacques Tati. Vous connaissez la devise de Préfailles ? « Qui y mouille, y reste. » Sans rire. Et n'allez pas dire que j'ai l'esprit mal tourné.

La colonie vacancière de Préfailles offre un échantillonnage presque parfait de la bonne bourgeoisie française. Elle est dominée par deux grandes familles, l'une, protestante, les Durand-Gasselin, l'autre catholique, les Lemaresquier. La plus parfaite harmonie règne entre elles. Il y a même eu des rapprochements matrimoniaux.

Les nantis de Préfailles mènent une vie à peine plus luxueuse que les plus modestes. Rien ne semblerait de plus mauvais aloi que d'y étaler son opulence. Préfailles, c'est l'anti-Saint-Tropez. Quelques villas d'une taille plus importante que les autres, ornées parfois d'un beau cèdre et de touffes d'hortensias, dressent sans ostentation leur architecture bâtarde, sur un terrain plus ou moins vaste et mieux situé. Deux ou trois de ces propriétés sont agrémentées, luxe suprême, d'un court de tennis, fort mal entretenu, en général. Mais vous ne verrez pas une piscine. Les Préfaillais trouveraient ça vraiment trop vulgaire. On se fait fouetter par les vagues d'un océan à dix-sept degrés, ou on va ailleurs.

Le Préfailles de mon enfance n'a pas changé. Il a même perdu de son éclat touristique avec la disparition, depuis la guerre, d'un casino, et de l'hôtel Sainte-Marie, remplacé par le seul petit complexe immobilier de la station, quatre étages, l'horreur ! Je détourne le regard quand je passe devant lui, pour aller à la plage.

Le Grand Bazar est le fleuron de la station. Que dis-je ? Il en est l'âme. Au moment de la marée noire, il a fermé ses portes. Pour moi qui l'ai toujours connu et fréquenté depuis ma plus tendre enfance, immuable, incontournable rendez-vous de toute la population saisonnière, sa disparition était une chose inconcevable. Sans le Grand Bazar, Préfailles aurait été amputée d'un de ses organes vitaux. Dieu merci, il a rouvert ses portes et tous les vacanciers s'y retrouvent comme au dernier salon où l'on cause !

Mes grands-parents Desmarets avaient déjà une maison à Préfailles, une maison avec vue sur mer qui s'appelait *La Villa des Bois*. Elle existe toujours, d'ailleurs, mais moi, je ne l'ai jamais habitée. Maman détestait la vue de la mer. D'ailleurs, je tiens cela d'elle, moi non plus, je ne supporte pas cette grande surface houleuse toute la journée devant moi. Ça me donne le cafard.

Donc, mon père, qui adorait Préfailles et la pêche, a

vendu *La Villa des Bois* et sa vue imprenable sur l'Atlantique, pour acheter, un peu à l'écart de la côte, dans le même coin résidentiel, une adorable maison de village que mes parents ont baptisée *Kerr Jack-line*, réunissant les noms de mon frère et le mien. Suivant le même principe, plus tard je l'ai débaptisée pour la rebaptiser *Kerr Caline*, contractant les prénoms de mes deux filles : Catherine et Caroline.

Jusqu'à l'âge de vingt ans, j'ai passé toutes mes vacances à Préfailles. Les vacances, ça voulait dire du 1er juillet jusqu'au 30 septembre. C'est donc une bonne partie de ma vie que j'aurai vécue à Préfailles. Et je n'en ai conservé que de bons souvenirs.

Nos départs de Paris pour aller en vacances étaient épiques. Parfois, nous prenions le train. Pour être sûr de ne pas manquer le départ, mon père avait imaginé que nous nous installions la veille au soir, pour y passer la nuit, dans un hôtel, à côté de la gare Montparnasse.

Mais Papa nous emmenait aussi à Préfailles en voiture. Quels voyages ! Les névroses de maman nous obligeaient à des arrêts continuels. Mon frère et moi, à l'arrière, nous nous battions comme des chiffonniers. Nous arrivions fourbus. Papa était d'une patience à toute épreuve. Il devait se dire : « Une fois là-bas, je serai tranquille. Toute la journée, seul à la pêche... » Il laissait à Préfailles une vieille Ford décapotable, haut perchée sur de grandes roues, et qu'il avait fait laquer couleur argent, brillante comme une timbale. Papa entassait à l'arrière ses filets et son matériel, et à son passage, quand il traversait le village, les gosses s'accrochaient à la voiture pour faire des gymkhanas, dans les rires et les cris. Puis il gagnait son bateau baptisé, Dieu sait pourquoi, *Le Pingouin*, et dont le nom s'inscrivait fièrement en lettres gothiques sur son flanc, tandis que la périssoire s'appelait… *L'Auto* !

Il n'y avait pas que mon père à être un mordu de la pêche. Mon frère et moi, nous n'étions pas en reste. Ce devait être héréditaire. Peut-être parce que c'est un plaisir solitaire et silencieux, j'ai toujours adoré ça, dès ma plus tendre enfance.

Je devais avoir une dizaine d'années quand à Luxeuil, où ma mère faisait une cure, un jour, j'ai disparu. Panique. Maman, affolée, a lancé les gendarmes à ma recherche… jusqu'à ce qu'on me voie réapparaître, toute fière, avec un seau rempli de poissons. J'étais partie toute seule à la pêche !

Papa se rendait régulièrement aux étangs de Saclay avec deux amis, Tony Burnand, auteur de nombreux livres sur la pêche, et Roger Pujo, propriétaire du journal spécialisé *Au bord de l'eau*. Il nous emmenait souvent avec eux, mon frère et moi.

Mon père pêchait au lancer. Le temps de monter sa canne, son moulinet, qu'il se décide pour un leurre, un devon ou une cuiller, mon frère et moi, nous avions déjà ferré plusieurs poissons, et ça le fichait en rogne. Nous n'avions pas le triomphe modeste, ce qui ne faisait qu'accroître sa réaction de jalousie enfantine.

À Préfailles, papa pêchait à la traîne, mais il posait aussi des filets et des casiers. Si mon frère était champion au tacaud, il pratiquait également le lancer pour attraper le mulet, et nous allions ensemble pousser nos filets à crevette, à la haveneau, pendant les grandes marées. Dans l'eau jusqu'à la taille, nous grattions les rochers. Expéditions fructueuses dont nous rapportions glorieusement des paniers remplis de petites grises frétillantes que nous dévorions avec d'autant plus de plaisir que nous les avions pêchées.

Quand j'étais pensionnaire, à Gstaad, mes parents sont venus me voir. Pour papa, c'était un prétexte, car il était surtout excité à la perspective d'aller pêcher la truite dans la Tuschbar. Il avait soigneusement emporté son matériel. Mes parents voyageaient en wagon-lit. Au milieu de la nuit, maman pousse des hurlements : « Assassins ! Maudits ! » Elle était couverte d'asticots qui s'échappaient de leur boîte, que mon père avait ouverte pour leur donner de l'air !

À Saint-Tropez, pendant des années, j'ai fait des parties de pêche avec René Clair qui possédait une maison posée directement sur la mer. Nous pêchions à la palangrotte, c'est-à-dire sans canne, avec un fil au bout duquel s'accrochaient plusieurs hameçons.

À Palma, j'avais adopté aussi cette technique qui est très efficace.

Tout au long de ma vie, où que je me sois installée, il est rare que je n'aie pas trouvé un coin de rivière, un étang, un rivage où m'isoler et « taquiner le goujon »... même à Paris !

Quand je jouais *Le Soldat et la sorcière* au Théâtre de la Ville, entre la matinée et la soirée, le dimanche, je quittais ma loge pour descendre sur les berges, à côté du pont du Châtelet, m'installer avec ma canne à pêche auprès des vieux pêcheurs. Je fixais le bouchon sans plus penser à rien, j'attendais de le voir s'enfoncer pour ferrer le poisson... mais je rêvais, car je crois bien être toujours revenue bredouille au théâtre. Cela ne me décourageait pas, et chaque dimanche, j'y retournais, au grand dam de mon directeur Charles Dullin qui trouvait vraiment que ce passe-temps dévalorisait le prestige de sa jeune vedette.

Mais je n'en finirais pas de conter mes exploits de pêcheuse. Fermons cette parenthèse « piscatoriale » !

J'étais une petite fille très soignée, très bien habillée. Couverte de taches de rousseur, j'avais de très beaux cheveux auburn, avec des reflets roux. Les gens disaient : « Madame Desmarets teint sa fille ! » Maman haussait les épaules et soupirait : « Ah ! la bêtise des gens de province ! »

Je jouais à la marchande avec Denise, la petite voisine d'en face qui est devenue la boulangère, et je prenais l'accent anglais pour dire : « Faites entrer les babies ! »

J'excellais dans les concours de grimaces. Là, j'étais toujours championne, et j'ai conservé mon titre très longtemps.

Tous les jours, même par temps gris, nous allions à la plage. Si je n'ai jamais craint l'eau froide, en revanche la mer m'a toujours fait un peu peur. J'adore nager, mais dans la mer, quand je nage, je pense à ce qui se passe au fond de l'océan, sous moi, à toute cette vie mystérieuse, et ça m'angoisse – une frayeur que l'enfance se plaisait à amplifier. Que de monstres marins imaginaires m'ont chatouillé la plante des pieds !

Ma mère, elle, ne se baignait pas. Elle venait à la plage, coiffée d'un chapeau de paille blanc, orné de petits rubans, et armée d'une ombrelle avec un joli manche en bambou et ivoire que j'ai toujours conservée. Et elle s'installait sous sa tente, louée au mois, au même emplacement tous les ans, et il va sans dire, l'un des meilleurs. Elle y retrouvait ma tante Émilie, la femme de l'oncle Marcel, frère de papa. Il avait fait l'école de chimie à Nancy, et il était directeur de Zan, à Nîmes. Bizarrement, ses patrons, les Colomb de Donan, une notable famille camarguaise, propriétaires de l'usine de réglisse, étaient les cousins de mon Jeannot de mari. Et comme le monde est encore plus petit qu'on ne le croit, nous allions apprendre un jour, Jeannot et moi, que nous étions nés à quelques mètres l'un de l'autre, boulevard Exelmans. Et tout ça pour se rencontrer vingt-cinq ans plus tard à Venise... Que de temps perdu !

Tante Émilie et oncle Marcel habitaient, sur le plateau de La Chapelle, la villa *Les Mouettes*. J'aimais beaucoup mes deux cousines, Odette et Janine. Odette a épousé un notaire de Nantes, maître Tardiveau (un nom qui semble inventé par Labiche ! Dans *Un chapeau de paille d'Italie*, il y a un Tardiveau), et Janine, un général. Leur frère ne participait guère à nos jeux auxquels il préférait la chasse aux papillons.

Et voilà pour la famille Desmarets. Une famille type de bons bourgeois français, comme il s'en rencontrait par milliers en été, sur les plages de Bretagne et d'ailleurs.

À *Kerr Jack-line*, nous avions une cuisinière que maman faisait venir de Paris et dont les connaissances culinaires étaient des plus limitées. Elle ignorait qu'une langouste rouge était déjà cuite ! Deux Bretonnes locales l'assistaient, les Maries Bertebot qu'on adorait, avec leurs petites coiffes noires.

La maison se remplissait quand papa était là. Maman soupirait, car il avait l'invitation facile et c'étaient toujours de bruyantes tablées de bons vivants dans le jardin, et des repas interminables et bien arrosés. Papa traînait souvent derrière lui un de ses vieux copains, Monsieur Cazalis, qui collaborait comme lui à *L'Auto*, après avoir été comédien. Monsieur Cazalis avait joué dans des pièces de Guitry, et j'ai retrouvé son nom dans des publications de *La Petite Illustration*. Il aimait à raconter ses souvenirs qui éveillaient ma curiosité. Je n'étais certainement donc pas aussi indifférente au théâtre que je l'ai prétendu, plus tard...

La grande fête, c'était quand les parents nous emmenaient, mon frère et moi, déjeuner à l'auberge de la pointe de Saint-Gildas, le restaurant *in* où se rendait le gratin local. Si les enfants étaient heureux de se retrouver comme à la plage, et jouaient ensemble à la fin des repas qui leur semblaient longs, les parents se saluaient de loin, discrètement.

Comme presque tous les maris qui continuaient à travailler, alors que leurs petites familles étaient déjà en villégiature, papa venait passer avec nous les fins de semaine. Il prenait le train, qu'on appelait « le train des cocus ». Pour ce qui était du cocuage, il n'avait rien à craindre. C'était plutôt le contraire. Maman était d'une fidélité à toute épreuve, dont il ne lui savait d'ailleurs aucun gré.

Deux enseignants m'aidaient dans mes devoirs de vacances : une demoiselle, experte en grammaire, qui habitait la maison d'à côté, et l'abbé Andrieux. Quelques années plus tard, je suis tombée sur l'abbé, dans une rue de Blois. C'est lui qui m'a vue le premier. « Oh ! Jacqueline ! Quel plaisir de vous revoir ! » Moi, je ne l'aurais pas reconnu, car il ne portait pas la soutane. J'ai quand même répondu : « Bonjour, Monsieur l'abbé ! » Alors lui : « Je ne suis plus abbé. Je vous présente ma femme... » Il s'était défroqué !

L'abbé Andrieux ! La vie réserve de drôles de surprises.

Très vite – je devais avoir cinq ou six ans – je me suis liée avec Maurice Tabarly qui est devenu mon inséparable. Il était grand, beau, filiforme. Dans ses manières, il avait tout d'une fille. Pour moi, il était à la fois mon frère, ma sœur, mon meilleur copain. Nous nous suffisions l'un à l'autre. À l'âge où mes semblables commencent à lorgner les garçons, ça ne me serait pas venu à l'idée. Nous vivions dans un univers à part, nos relations totalement asexuées et nos jeux innocents, pour ne pas dire débiles, nous retenaient en enfance. Au fond, j'étais vraiment très en retard !

Maurice et moi, nous ne nous sommes pratiquement pas quittés jusqu'à mon mariage. C'est d'ailleurs lui qui m'a présenté mon premier mari, et ce n'est pas ce qu'il a fait de mieux ! La vie nous a séparés, mais nous ne nous sommes jamais perdus de vue. Si nous nous rencontrons rarement – il habite aux environs de Blois – c'est un des rares amis auxquels je téléphone encore de temps en temps.

Étrange famille, que les Tabarly. On les avait surnommés : les « Tabarlypopette ». Le couple avait quatre enfants : les aînés, Guy et Mony, séparés des deux autres par un entracte de dix ans, Maurice et Christiane.

Éric Tabarly, le navigateur, était le fils de Guy, un athlète, une armoire à glace, tout en muscles, et le neveu de Maurice, à peine plus âgé que lui. Guy nous emmenait faire des croisières sur son bateau, le *Pen Duick*, avec le petit Éric qui devait avoir alors quatre ou cinq ans. C'est à bord du *Pen Duick*, un superbe voilier à longue coque noire, qu'Éric a développé cette passion pour la navigation qui devait faire de lui un héros national. Il était bâti pour devenir aussi costaud que son père. J'avais treize ans, il en avait cinq, et nous suivions tous les matins les mêmes cours de gymnastique ensemble.

Sur le *Pen Duick*, on descendait l'Odet pendant deux, trois jours. Maurice et moi, c'est fou ce qu'on pouvait s'embêter, sur ce bateau. Nous n'avions qu'une idée en tête : bronzer. Sur un voilier, l'ombre se déplace tout le temps. À peine avions-nous trouvé un coin de soleil qu'on changeait de bord.

En revanche quand Guy Tabarly m'emmenait à la pêche à l'île d'Yeu, et aussi à l'île des Piliers, près de Noirmoutier, j'étais folle de joie. Nous partions pour trois jours... l'aventure ! Je préparais sérieusement mon matériel, je pêchais au vif, avec toutes sortes de cuillers. Ça, c'était exaltant !

Nous allions aussi en famille près de Nantes, à Nort-sur-Erdre, chez d'autres amis de mon père. Les bords de l'Erdre, c'était vraiment un endroit divin. Là, on ne prenait que des poissons-chats. C'est superbe, un poisson-chat, mais immangeable. Alors on les remettait à l'eau. Mais on s'amusait bien.

Éric et son oncle n'avaient vraiment rien en commun. Maurice n'était pas sportif pour deux sous. Je ne connais personne avec qui j'ai pu rire autant que lui.

Dès que nous avons été assez grands pour qu'on nous laisse nous amuser seuls, nous avons inventé les jeux les plus idiots, par exemple : faire la quête pour les petits chiens malheureux de Préfailles et de La Plaine.

Nous sonnions chez les gens. On nous donnait cinq sous, six sous… On gardait l'argent pour nous acheter des chocolats à l'épicerie de la Grand-rue. Quand nos parents ont appris ça, quel scandale ! On nous a traités de voyous, menacés de la prison (*sic*) et interdit de nous voir pendant quinze jours. Là, on riait un peu moins…

Avec des draps et des serviettes pour déguisements, nous jouions au rajah. Je me nouais un turban sur la tête, car le rajah, bien sûr, c'était moi, et Maurice, ma favorite. Allongé sur des coussins, je lui ordonnais de me faire la danse du ventre. Maurice s'exécutait avec une grâce lascive. Après quoi, nous échangions des mots tendres en langue rajah : « Mikilim pinzah, imikili pindli ! » et ça se terminait par un chaste baiser sur la bouche, lèvres hermétiquement scellées.

Une année, maman est tombée malade. Elle souffrait d'un zona et elle gardait la chambre. Notre jeu de la saison, ce n'était plus le Rajah, mais les Thénardier. Les psychologues pédiatres y verraient aujourd'hui des tendances sado-maso… J'incarnais la Thénardier et Maurice, Cosette. Armée d'un bâton, je lui tapais dessus en lui ordonnant : « Monte le thé à la dame ! » On frappait à la porte de la chambre de maman qui répondait d'une voix mourante : « Entrez… » Je disais : « C'est Cosette qui t'apporte ton thé » et en redoublant de coups de bâton : « Allez, Cosette, donne le thé à la dame ! » Et Maurice de pousser des cris : « Ouille ! Ouille ! Ouille ! » Maman gémissait : « Taisez-vous, les enfants ! Vous me tuez… » C'était en septembre, il commençait à faire froid. Il y avait dans la chambre de maman un poêle. J'obligeais Maurice à monter les seaux de charbon en le rouant toujours de coups : « Chargez, chargez la salamandre, Cosette ! » Maman n'en pouvait plus. « Vous êtes des maudits ! » Et nous, nous hurlions de rire.

Au tennis, en revanche, c'est Maurice qui me cognait dessus, à coups de raquette. Il ne supportait pas de perdre. Et j'étais meilleure que lui. On disait : « Jacqueline a un bon revers ! » À La Baule, au cours d'une compétition, j'avais gagné une coupe en deuxième série, et je n'en étais pas peu fière.

Ma mère n'était pas la seule à souffrir de nos bêtises. Celle de Maurice n'était pas non plus épargnée. Inspirés par la lecture de *Elle*, le nouveau magazine féminin, qui dispensait ses conseils de beauté, et bien que maigres comme des coucous, Maurice et moi, nous avions décidé de nous mettre au régime, et de ne manger que des crudités. Et pour ce faire, nous dévastions le potager de Madame Tabarly qui poussait de hauts cris à nous voir arracher ses légumes. Elle n'appréciait pas beaucoup non plus que nous saoulions ses poules en trempant leur pain dans du vin rouge. Dans le poulailler, les pondeuses couraient de travers, titubaient, s'écroulaient ivres mortes et nous étions malades de rire, tandis que Madame Tabarly nous menaçait de tous les châtiments.

Une de nos distractions favorites, c'était la bicyclette. Nous vivions à bicyclette. Grâce à mon père qui disposait du budget de publicité de la marque *Miss Elyette*, j'avais toujours droit au dernier modèle, le plus perfectionné. Je me pavanais sur mon vélo aux chromes flambant neufs, je changeais de braquet tout le temps pour essayer de doubler Maurice. Nous allions partout, en empruntant les chemins les moins praticables. Nos courses se terminaient souvent par des chutes. L'une d'elles fut sévère : je me cassai la cheville. Tout le temps que je suis restée plâtrée,

Maurice m'a trimbalée dans un chariot, et nous riions encore !

Avec la puberté, Maurice s'est couvert de boutons. Un drame ! Il essayait tout pour s'en débarrasser. Jouant les esthéticiennes, je lui appliquais sur le visage des rondelles de concombre, de tomate, de n'importe quoi. Ayant entendu dire que c'était bon pour la peau, j'allai jusqu'à lui coller sur le front des escargots que nous ramassions dans les jardins. Le résultat restait à prouver, mais Dieu que nous pouvions rire !

Un autre de nos passe-temps, c'était de dessiner des plans de maisons. Le nombre de maisons qu'on a pu construire ! Nous nous enfermions des après-midi entiers dans la chambre de Maurice, non pas pour jouer au papa et à la maman comme on aurait pu le croire, mais pour élaborer nos projets d'architecture. Nulle en mathématiques, j'étais plutôt douée pour la géométrie. J'ai d'ailleurs toujours le goût d'aménager les volumes et les surfaces. J'aurais rêvé d'être architecte. Pour moi, c'est le plus beau métier du monde. Voilà une profession qui m'aurait autrement mieux convenu que celle de comédienne, si seulement j'avais été fichue de faire des études. Notre grand problème, c'était de placer l'escalier. Je disais : « Je le mets là », et Maurice ripostait : « Comment vas-tu le faire tourner ? » On s'engueulait. Aucune combinaison ne nous satisfaisait et, de guerre lasse, on mettait l'escalier à l'extérieur. Nos maisons n'étaient vraiment pas faites pour les pays pluvieux !

Maurice Tabarly prétendait que, s'il aimait les garçons, c'est parce qu'il n'était physiquement pas normal. Ma pudeur me retenait de chercher à vérifier ses dires, mais cela ne laissait de m'intriguer. Aussitôt après m'être mariée, j'ai obligé un jour Maurice à baisser son pantalon, afin de vérifier *de visu* cette anomalie. Après mille réticences, Maurice s'est finalement laissé faire. Je le revois se tenant debout, un pied dans une main, dans la position du héron. Après avoir scruté l'objet de ma curiosité, j'en concluai qu'il était parfaitement constitué, et que l'origine de ses goûts ne venait pas de là ! Avec personne d'autre, même pas une copine, je n'ai connu une complicité aussi intime.

Au cours d'un été, nous avons fait la connaissance d'un petit garçon au visage rond de bébé, qui s'appelait Laurent Cély. Alors qu'un jour Maurice et moi, partis pour je ne sais quelle aventure imaginaire sur le plateau de La Chapelle, nous étions grimpés en haut d'un arbre, nous avons été interpellés par cet angelot qui nous lançait des cochonneries, comme je n'en avais encore jamais entendu de ma vie. J'étais à la fois choquée et j'avais envie de rire, d'autant plus que Maurice poussait des cris d'orfraie pour faire taire le gamin.

Des années plus tard, quelle ne fut pas ma stupéfaction, au cours d'un cocktail de cinéma, de m'entendre poser la question : « Vous vous rappelez, l'arbre de Préfailles ? » et de reconnaître Laurent Cély avec sa physionomie toujours poupine, et vingt-cinq ans de plus. Il était devenu Cecil Saint-Laurent, l'auteur de *Caroline chérie*, et je me suis demandé si c'était la vision de Maryse Mourer qui lui avait inspiré son héroïne un peu licencieuse, sur la plage de Préfailles... mais là, j'extrapole.

À part les Tabarly, il y avait à Préfailles d'autres résidents avec lesquels nous entretenions des liens d'amitié suivis. Tous étaient des fervents de la mer, et ils avaient leurs bateaux : les Oller qui représentaient le Pari Mutuel, et les plus proches, les Lemaresquier. Monsieur Lemaresquier était un grand architecte, l'auteur du Cercle militaire et de la gare d'Orsay. Il avait trois fils et une fille, Ninette, qui était une grande copine de mon frère Jacquot et qui a épousé Michel Debré, lequel a fait, comme on sait, une grande carrière politique. C'est là que je suis devenue très amie avec eux et avec leurs enfants. Côté Durand-Gasselin, il y avait Charlie Grégory, le père de Pascal Grégory, l'acteur. C'était un beau garçon qui me faisait discrètement la cour. Je l'aimais bien. On se revoyait de temps en temps à Paris, il m'emmenait quelquefois au théâtre.

Nous avons vécu ensemble toutes les festivités préfaillaises d'avant-guerre : les bals costumés, l'élection de Miss Préfailles....

Notre bande se reformait et se défaisait chaque été. Au noyau de fondation se greffaient de nouveaux venus, quand d'autres disparaissaient. Nous sommes très peu de survivants aujourd'hui, de ces temps lointains, mais quand je vois sur la plage les groupes de jeunes qui nous ont remplacés, ils nous ressemblent tant qu'on douterait que plus d'un demi-siècle nous en sépare.

C'est encore à Préfailles que j'ai vécu les premiers mois de la guerre. Nous y sommes restées, maman et moi, jusqu'à la fin de l'année.

Mon père et mon frère étaient mobilisés. J'avais alors décidé de faire le Conservatoire. « Après tout, ça t'apprendra au moins les classiques ! » avait dit maman. Elle pensait que ce n'était de ma part qu'une lubie de plus. Je m'étais mise à lire assidûment tout ce qui me tombait sous la main, les romans à la mode : *Poussière* de Rosamond Lehmann, *Autant en emporte le vent* ; et puis beaucoup de théâtre dans *La Petite Illustration*, des pièces de Bourdet, Capus, Victor Margueritte, Flers et Croisset, Paul Géraldy, Kistemaecker, Pierre Frondaie, Denys Amiel. J'étudiais Marivaux et Musset. C'est une autre amie de la petite bande, Violette Zuber, apparentée aux Durand-Gasselin, qui me donnait la réplique dans *On ne badine pas avec l'amour*, en assumant le rôle de Perdican.

Une colonie d'enfants évacués de Saint-Ouen avait été installée dans les bâtiments du Casino. Nous étions trois ou quatre jeunes filles bénévoles à aider à les soigner. Nous avions été formées de la façon la plus rudimentaire. Nous assistions une infirmière. Cela consistait à laver ces gamins, souvent en mauvaise santé, à les soigner, leur faire des piqûres, leur poser des ventouses, et surtout à les épouiller. Les pauvres gosses étaient couverts de poux. Cet insecte a la roublardise d'épouser la couleur du cheveu qu'il parasite. La chasse aux poux réclame donc un certain savoir-faire. Nous faisions des compétitions : occire un maximum de poux, en un minimum de temps. J'étais toujours gagnante. Pas de fausse modestie, les grimaces, le tennis, les poux, je n'étais pas totalement dénuée de dons !

Un matin, on est venu me réveiller d'urgence pour que j'aille avec Violette aider la sage-femme à un accouchement. Maman a hurlé. Elle ne trouvait pas que c'était un spectacle convenable pour une jeune fille. Je lui ai lancé : « Il vaut tout de même mieux que j'assiste à la sortie qu'à l'entrée, non ? », ce qui m'a valu une gifle retentissante.

« Tu es vraiment trop mal élevée et trop dégourdie pour ton âge ! »

Mal élevée, peut-être, et encore, mais dégourdie, certainement pas assez. Quelques garçons commençaient à tourner autour de moi, des fils de bonne famille, mais je les décourageais en ne prêtant pas la moindre attention à leurs avances, en me dérobant à toute tentative de flirt. Je me souviens de François de Wellf qui avait fait son service dans l'aviation. Il venait survoler le collège de Neauphle pour essayer de m'apercevoir quand j'y étais pensionnaire. Il était pourtant très séduisant. Et aussi Michel Beaumelaer, si bien élevé, dont les parents avaient une propriété superbe à Pornic. C'est le premier garçon qui m'ait dit : « Je vous aime. » Ça se passait sur son bateau, un beau bateau. J'avais été épatée qu'il me dise ça. Ça m'avait même fait plaisir. Mais j'étais restée bêtement sans répondre. Il n'avait pas essayé de m'embrasser. « Je vous aime. » C'est tout, et c'était bien. Et puis, il n'a plus jamais été question de rien. On se revoyait, on jouait ensemble au volley-ball…

Grand copain de Mony Landry, la sœur de Maurice Tabarly, René Froissant, dit Sophrone, que j'allais finir par épouser, me poursuivait de ses assiduités. Il n'avait ni la réserve ni les bonnes manières de mes autres prétendants. Il était bien arrivé à m'embrasser sans que j'y mette trop de bonne volonté, mais s'il m'amusait plutôt – car il était du genre joyeux drille, c'est-à-dire de l'espèce qui ne fait pas, en général, de bons maris – je n'éprouvais pas le moindre sentiment pour lui. Bluffeur, il faisait pétarader dans les ruelles paisibles de Préfailles sa voiture de sport, couleur bleu vif, en jouant les play-boys à bon marché, ce qui lui valait le surnom de « Ferblantine ». Je me souviens d'avoir été particulièrement odieuse avec lui, un jour que, se prenant pour Roméo, il s'incrustait sous le balcon de ma chambre pour me faire sa cour. De dépit, il avait même brisé un verre. Mais il était vite revenu à la charge.

Quand les Allemands ont fait leur entrée dans Préfailles, j'étais en short. Monsieur Tabarly m'a dit : « Va tout de suite te mettre une jupe. Je ne veux pas que tu montres tes cuisses aux Allemands ! » Au point où en était la France, je n'ai pas très bien compris quelle différence ça pouvait faire, mais j'ai obéi.

Malgré le mur de l'Atlantique, la présence des Allemands à Préfailles s'est faite plutôt discrète. L'inconvénient majeur, c'était le manque d'essence. Pour venir de Paris, nous prenions le train jusqu'à Nantes, et là, il fallait attendre pendant des heures un hypothétique car à gazogène, toujours surchargé, pour aller à Préfailles. Mais à dix-sept ans, on s'arrange facilement de ce genre de problèmes.

Côté ravitaillement, maman se débrouillait, comme tout le monde, grâce aux fermes environnantes. Quelquefois, elle me faisait honte, quand j'invitais une copine à goûter. « Ah ! non, Blanchette, assez de confiture ! Vous en avez déjà pris deux fois ! »

C'est pendant la guerre que j'ai fait la connaissance de Monsieur Piron. Un jour, en sortant de la messe, nous nous étions un peu bousculés, il s'était excusé, nous avions échangé quelques mots, et c'est ainsi que nous étions devenus amis. C'était un gros monsieur belge, très truculent, qui s'était réfugié dans ce coin perdu de la côte Atlantique, avec sa femme, une grande maigre. Il faisait partie du Tiers-Ordre et il était l'auteur de deux livres : *L'Art de gérer sa fortune* et *Comment jouer du piano*. Il était ce qu'on appelle un homme éclectique. Il s'était pris d'affection pour moi, et il me mettait tout le temps la main aux fesses. Ça n'allait jamais plus loin, il le faisait tout naturellement, devant sa femme, un peu comme s'il flattait un animal. Je trouvais ça curieux, ce monsieur du Tiers-Ordre qui avait cette manie, mais après tout, si ça lui faisait plaisir ! Il m'appelait sa maîtresse putative. Je ne comprenais pas pourquoi. Putatif, pour moi, ça voulait dire putain. On disait qu'il tapait sur sa femme pour lui faire ramasser les pommes de terre, qu'ils ne lavaient pas leur fils Tantin. Ça m'intriguait. Il paraît que leur fils a obtenu plus tard une grosse récompense dans le genre prix Nobel d'algèbre, ou quelque chose d'approchant. Les Piron n'étaient vraiment pas des gens ordinaires.

Monsieur Piron faisait aussi des puzzles, et je lui dois cette découverte. Il m'a transmis le virus du puzzle. Pendant quelques années, j'ai même été complètement accro. Le puzzle calmait mes angoisses, au début, quand j'ai commencé à faire du théâtre. J'allais acheter des puzzles chez Vuitton. Le magasin se trouvait alors à côté du cinéma Normandie, sur les Champs-Élysées. Il y avait des puzzles superbes, découpés à la main. J'ai bien dû en collectionner une centaine. On commençait par les bords, et puis ensuite, on procédait par couleurs ou par formes.

Les puzzles, ça a occupé plusieurs années de ma vie. J'avais même communiqué ce vice à Jeannot. C'est fou, le temps que nous y avons perdu. Je me souviens d'un jour où j'avais un rendez-vous important du côté de la République. En route, j'ai eu comme une illumination, à propos d'une pièce du puzzle qui me manquait, et que j'avais cherchée en vain. Je l'ai « visualisée ». J'ai aussitôt fait demi-tour, oubliant mon rendez-vous, je suis rentrée à la maison et j'ai triomphalement ajusté à sa place la pièce du puzzle retrouvée de loin, comme par miracle.

Mais le puzzle devenait vraiment trop absorbant dans ma vie. Un jour, j'ai décidé de me désintoxiquer. D'autant plus qu'il était très mal commode de se transporter avec un puzzle sur son plateau, pendant les longs trajets en autocar auxquels nous astreignent les tournées, et où l'on s'ennuie tant. Alors, je me suis remise à taper la carte.

Quant à Monsieur Piron, il est devenu un Préfaillais d'adoption, et pour moi, il appartient à son folklore.

Plus tard, quand je passerai en tournée par Lausanne où il s'était retiré, je le retrouverai toujours installé avec sa femme au premier rang, à m'applaudir très fort !

Après la mort de mes parents, c'est moi qui ai conservé Préfailles. Avec Jeannot et nos enfants, nous y passions toujours le mois de juillet, et j'y retournais pour de plus brefs séjours au cours de l'année.

J'ai racheté un bâtiment voisin avec les cachets des films que je tournais uniquement pour l'argent qu'ils me rapportaient. J'ai joint les deux maisons par un jardin d'hiver et j'ai pu ajouter trois chambres. Une autre parcelle d'un terrain mitoyen s'est trouvée à vendre, avec une minuscule maison que je n'allais pas laisser m'échapper. Modestement baptisée *Kerr Crotte*, nous la réservions à notre fille Caroline après son mariage. La charmante villa de mes parents s'était transformée en un véritable petit hameau où, pendant des années, les enfants, les petits-enfants, les amis allaient et venaient en toute liberté, en respectant le style de vie simple et familial que j'y avais toujours connu et que Préfailles favorisait.

Et puis les filles se sont éloignées. Caroline s'est installée en Normandie, à proximité de la mer, et ça ne l'intéressait plus guère de passer ses vacances en Loire-Atlantique.

Jeannot qui, lui aussi, avait adoré Préfailles, nous a quittés en 1998.

Je m'y suis retrouvée seule, avec une farandole de souvenirs, ceux de mon enfance, de ma jeunesse, de ma vie de femme. Le passé écrasait le présent, un présent plein de vide.

Une résidence secondaire ne vaut que par le plaisir qu'elle vous donne, pour compenser les innombrables embêtements qu'elle vous cause. Et il ne me restait plus que les embêtements. Alors, en 1999, je me suis décidée à vendre.

Bien m'en a pris. Quelques mois plus tard, c'était la marée noire qui souillait les côtes, et la grande tempête qui emportait le toit du jardin d'hiver, en arrachant quelques arbres. Je l'aurais très mal vécu.

Les belles heures de Préfailles, elles sont en moi. Je n'y retournerai sans doute jamais plus.

ET VINT LOUIS JOUVET...

« Vous, vous avez un physique de théâtre ! »

Ces paroles-là ont sûrement été déterminantes pour mon avenir.

Jusqu'à ce que je les entende, je n'avais jamais vraiment songé à devenir actrice. J'avais seize ans et j'étais encore pensionnaire. Et ce n'est pas parce que j'avais donné, pendant les vacances, au bénéfice d'une œuvre de charité de l'église de Pornic, une représentation de *Peg de mon cœur*, une petite comédie à l'eau de rose, avec un groupe de jeunes amateurs sélectionnés parmi le gratin local, que je me serais prise pour une actrice.

J'allais quelquefois le samedi à la Comédie-Française, en matinée. *À quoi rêvent les jeunes filles* avec Marie Bell et Madeleine Renaud m'avait laissé un souvenir inoubliable. J'aimais bien le théâtre et le cinéma, mais en spectatrice, et l'idée de monter professionnellement sur les planches ne m'était pas venue à l'esprit.

Et en ce jour de vacances de Pâques 1938 où Louis Jouvet, flanqué d'un agent immobilier, est venu à Suresnes visiter notre affreuse baraque de dix-sept pièces que, pour ma plus grande joie, mon père s'était décidé à mettre en vente, tout a changé.

J'étais à plat ventre, sous mon lit, en train d'essayer d'attraper la chatte Mounette, qui fuyait mes caresses. Mon adoration pour nos chats, Mounette et Mickey, était sans doute un peu oppressante pour eux.

Avant même de me relever et de découvrir le visiteur, pour l'avoir vu dans des films : *La Kermesse héroïque*, *Drôle de drame*, *Carnet de bal*, et surtout *Entrée des artistes* qui avait peut-être inconsciemment éveillé chez moi l'envie de jouer la comédie, j'avais reconnu sa voix, son phrasé si particuliers. Après qu'il eut terminé sa visite, que je me fis un plaisir d'accompagner à travers toute la maison qui ne convenait d'ailleurs pas du tout à ce qu'il cherchait, Louis Jouvet prit congé et me répéta, en me disant au revoir : « Vous avez vraiment un physique de théâtre. Si un jour vous voulez jouer, venez me voir. »

Cette petite phrase m'a travaillée et, pendant des mois, j'ai cassé les oreilles de mes parents avec mon « physique de théâtre ». L'idée était en train de faire son chemin. La plupart des jeunes gens ont un but dans la vie. Je n'en avais aucun. Je ne savais rien faire. Alors actrice, pourquoi pas ? C'était sûrement ce qu'il y avait de plus facile ! Je le pense toujours d'ailleurs. Et j'en tiens pour preuve l'excellence de ces gens du peuple, recrutés dans la rue et qui ont fait la gloire du cinéma néoréaliste italien. Mon obstination finit par avoir raison de la résistance paternelle. Facilement d'ailleurs, car mes parents n'ont jamais contrarié mon envie de devenir comédienne. Ils voulaient seulement s'assurer que ce n'était pas un caprice de ma part. Si c'était vraiment ce que je voulais faire, que je le fasse avec sérieux, et le mieux possible.

C'est Monsieur Cazalis qui fut chargé de me conduire au maître.

Louis Jouvet, qui avait la réputation de glacer ses interlocuteurs, me reçut avec une cordialité qui me mit tout de suite à l'aise : « La petite Desmarets ! Alors, on s'est décidée ? »

Il m'accepta dans sa classe du Conservatoire, en auditrice libre. C'est là que je me liai avec Janine Drancourt. Janine ne m'a pas suivie au Conservatoire, mais elle a joué dans une comédie de Clouzot auprès d'Yvonne Printemps et de Pierre Fresnay, et aussi dans *Les Deux Orphelines*. Mais, très vite, elle a renoncé aux planches pour se marier, divorcer, se remarier, faire des enfants et mener confortablement son existence familiale. Malgré des brouilles passagères, notre amitié a miraculeusement résisté à l'épreuve du temps !

Nous voici donc, Janine et moi, côte à côte dans la classe de Monsieur Jouvet. Nous n'avions pas d'autres droits que ceux de nous asseoir, de nous taire, et de regarder ses élèves (dont Jacques Castelot qui devint un ami intime) travailler sous sa direction. En revanche, il m'aiguilla vers son propre cours, au Théâtre de l'Athénée, où enseignaient Jean Meyer et Alfred Adam. Jouvet me trouvait l'œil triste, et il avait décidé que je devais travailler les rôles tragiques. Je ne me voyais pas très bien dans cet emploi, mais puisque Monsieur Jouvet l'avait décrété, il savait sûrement mieux que moi…

Sous la direction de Monsieur Meyer – car on l'appelait Monsieur Meyer et c'est d'ailleurs comme ça que je l'appelle toujours – j'ai travaillé *Psyché* pour ma diction.

Où suis-je ? et dans un lieu que je croyais barbare ?
Quelle savante main a bâti ce palais
Que l'art, que la nature pare
De l'assemblage le plus rare
Que l'œil puisse admirer jamais ?

Moi dont la mémoire est si défaillante, je m'étonne de me rappeler sans faute des textes appris il y a plus de cinquante ans, sans les avoir jamais révisés. C'est que les mots aussi bien juxtaposés, avec autant d'art, provoquent en moi une émotion profonde. Si je n'aime pas vraiment jouer, j'adore les beaux textes, et je regrette que ma carrière ne m'ait pas permis d'interpréter davantage de classiques.

Dans la classe de Monsieur Meyer, je m'étais fait une copine qui s'appelait Martine Laveyssière. Papa me donnait souvent des places, qu'il avait gratuites par son journal, pour aller à l'Apollo où l'on présentait – quelle aubaine – deux films dans la même séance. J'y entraînais Martine à la sortie du cours, plutôt que de rentrer directement à la maison. Inutile de dire que nos retards provoquaient des remontrances maternelles, chez Martine comme chez moi, ce dont nous nous foutions d'ailleurs éperdument.

Dans les années soixante, je me trouvais dans le train avec mon très grand ami, le producteur de la Gaumont Alain Poiré, pour aller à Montana. Assis vis-à-vis de nous, dans le compartiment, un couple qu'il me semblait bien reconnaître…

C'étaient Monsieur Meyer et Martine. Le professeur et son élève étaient tombés tellement amoureux l'un de l'autre, qu'ils avaient fini par se marier. Mariage heureux et durable s'il en fut, puisqu'il y avait de cela quelque trente ans, et presque autant de temps que je ne les avais pas revus.

Début 1939, Louis Jouvet se préparait à monter *Ondine* de Jean Giraudoux.

« Il y a un petit rôle dans la pièce que tu pourrais peut-être jouer... Est-ce que ça te plairait ? »

Si ça me plairait ? Mieux que ça ! Faire mes débuts aux côtés de Monsieur Jouvet ! C'était devenu mon grand homme. J'étais pétrifiée d'admiration, un petit peu amoureuse de lui, bien qu'il eût facilement l'âge d'être mon père.

Avec cette perspective en tête, je suis partie pour les sports d'hiver à Morzine, avec les Tabarly et René Froissant qui avait organisé le voyage. Je crois bien que c'est au cours de cette équipée que René me précisa ses sentiments envers moi. Mais j'avais bien autre chose en tête. Je revins de ces vacances de neige terriblement enrhumée. On craignait toujours pour mes bronches. Ma mère ne connaissait qu'un remède, très recommandé à l'époque : les ventouses. Sur ce, une convocation pour auditionner à l'Athénée me parvint par pneumatique, en précisant de venir avec un maillot de bain. Maman refusait que j'y aille, et surtout que je me mette en maillot de bain, alors que je toussais encore. Je lui ai tenu tête. Rien ni personne n'aurait pu me retenir.

Quelle ne fut pas ma déconvenue en arrivant au théâtre. Je croyais être la seule envisagée pour le rôle, et je me trouvais en présence d'une cinquantaine de candidates, toutes en maillot de bain ! Dans la salle, Jouvet, Jean Giraudoux et le décorateur Pavel Tchelitchev appréciaient le défilé des nymphettes. Quand mon tour fut venu, Jouvet me lança à la cantonade un : « Bonjour, Jacqueline. Tu vas bien ? » qui me sortait nettement de l'anonymat des autres.

En fait d'aller bien, je crevais de trouille et je me sentais très gauche à me présenter en maillot devant ces messieurs, comme si c'était pour l'élection de Miss-je-ne-sais-quoi. Lorsque Jouvet m'ordonna : « Retourne-toi ! » je me cabrai, et à l'étonnement général, je refusai tout net.

— Pourquoi ne veux-tu pas ? me demanda Jouvet, étonné.

— Parce qu'on m'a mis des ventouses et que j'ai le dos couvert de taches bleues !

Ma réponse provoqua un éclat de rire dans la salle.

Je suis quand même parvenue à dire le texte de la fille de vaisselle, rôle pour lequel je postulais. Il se résumait à une vingtaine de vers :

Je suis la fille de vaisselle…
Mon corps est laid, mon âme est belle.
J'ai les offices les plus bas
Ma gloire est repriser les bas…

Je m'en souviens encore, bien que je n'aie jamais joué le rôle. Non pas qu'une autre ait été choisie à ma place. Dès le lendemain, Jouvet m'annonçait que c'était moi qu'on avait retenue, mais qu'il me faudrait jouer en alternance avec la petite amie de l'affichiste Paul Colin, auquel il avait promis cette faveur. L'une ferait de la figuration le soir où l'autre serait la fille de cuisine. Cette restriction n'altérait en rien ma joie d'être engagée. Revenue en trombe à la maison pour annoncer la bonne nouvelle, ma mère fut loin de partager mon enthousiasme.

« Et comment vas-tu faire pour rentrer le soir ? » fut sa seule réponse. Je n'y avais pas pensé. De jour, je pouvais facilement aller à bicyclette de Suresnes à l'Athénée, mais de nuit, comment faire le trajet à travers le Bois de Boulogne ? Je suggérai l'autobus. Il n'y en avait plus à cette heure tardive. Alors un taxi. Non ! Une jeune fille de dix-sept ans ne prend pas seule un taxi la nuit. Maman avait réponse à tout. Excédée, je lui lançai : « Eh bien ! tu iras exposer les raisons de ton refus toi-même à Monsieur Jouvet ! »

Elle y alla, et elle revint outrée. « Il s'est déculotté devant moi ! »

À cette époque, Jouvet jouait une comédie de Marcel Achard, *Le Corsaire*, et il avait accepté, par gentillesse, et pour qu'elle n'attendît pas la fin du spectacle, de recevoir maman pendant l'entracte. Et comme elle lui débitait ses doléances, Jouvet, limité par le temps, avait tout naturellement changé de costume en sa présence. Il avait bien essayé de trouver une solution au problème de mon retour le soir, en proposant de me faire raccompagner par son chauffeur ou, éventuellement, de me raccompagner lui-même. Cette suggestion avait paru des plus louches à maman. Non, définitivement non, je ne jouerais pas dans la pièce de Giraudoux.

J'aurais dû me rouler par terre, hurler, mordre, quitter la maison... Une autre, plus concernée que moi, se serait dit qu'on la privait de la chance de sa vie. Eh bien ! non, pas moi ! J'ai été dépitée, bien sûr. Mais j'ai encaissé le coup sans broncher. C'était bien la preuve que le théâtre, pour moi, ne répondait pas à un irrésistible appel.

Au fond, je confondais un peu Jouvet avec le théâtre. Je crois qu'il m'aimait bien. Il s'intéressait à moi. Il m'écrivait des petits mots charmants pour m'encourager à me présenter au concours d'entrée au Conservatoire.

À la première tentative, je fus recalée. Là non plus, je n'en fis pas un drame. Mon commentaire, dans mes carnets qui datent de 1939 : « Tant pis ! Ce n'est pas grave. Je recommencerai. »

Toujours dans mes carnets : « Je suis folle de joie. L'autre jour, Jouvet m'a embrassée très, très fort. Youpie ! »

Dès l'automne 39 qui suivit la déclaration de la guerre, Jouvet avait fondé avec Madame Giraudoux un restaurant exclusivement réservé aux écrivains, artistes, musiciens, journalistes, qui traversaient des difficultés financières ; en quelque sorte, une version de luxe des Restos du Cœur. Le menu était au prix fixe de deux francs, sauf pour Jean Giraudoux qui payait cent francs. Ses moyens le lui permettaient. C'est Jouvet qui en avait décidé ainsi. Le service était assuré bénévolement par de jeunes comédiennes, et des débutantes de la bonne société.

Jouvet m'avait demandé de faire partie de son équipe. L'idée de me rendre utile, en servant une blanquette de veau où un steak-frites à des gens célèbres, et surtout de côtoyer souvent celui que je vénérais entre tous, je n'allais pas manquer une chance pareille. Parmi les habitués, je me souviens de Blaise Cendrars, d'Odette Talazac, la grosse dame en noir de *Knock* et la cantatrice du *Million* de René Clair, de Pierre Lestringuez, que l'on désignait sous l'édifiant sobriquet de « Queue de Fer », auteur du drame *Tricolore* représenté à la Comédie-Française et dans lequel Mary Marquet m'a laissé le souvenir d'une Théroigne de Méricourt chevaleresque et vociférante.

Outre mes activités de serveuse, je m'occupais d'enfants, le matin, à un dispensaire, près de Denfert-Rochereau.

L'après-midi, je suivais mes cours de théâtre.

Avec toutes ces allées et venues à bicyclette, entre Suresnes et Paris, mes journées étaient bien remplies.

Je me rendais trois fois par semaine, les lundis, mercredis, vendredis, de onze heures à quatre heures, 5 avenue de l'Opéra, pour assurer mon service, au Restaurant des Lettres et de la Musique.

La grande couturière, Véra Boréa, alors très en vogue, avait créé gratuitement pour nous des uniformes gris clair à fines rayures, égayés d'un petit col blanc, ce qui nous valut le surnom des Tourterelles dont nous baptisa je ne sais plus quel poète de nos habitués, et qui nous est resté.

Quelquefois, le hasard me fait croiser une survivante octogénaire de ces temps héroïques. En nous reconnaissant, nous nous écrions d'une seule voix : « Une tourterelle ! »

Je lis encore dans mon carnet, daté du 13 novembre 1940 : « Je me représente au Conservatoire. Je souhaite de tout mon cœur d'être reçue ou admissible. Enfin j'attends, j'espère. J'ai vu tout à l'heure Monsieur Jouvet, il a été avec moi tout à fait charmant. Nous avons parlé très longuement, et il m'a déclaré : " Toi, je t'adore ! " Je le trouve très beau. Je suis triste. Il part en tournée... »

Pour se soustraire à l'autorité allemande, Louis Jouvet avait décidé d'aller jouer avec sa troupe en Amérique du Sud. Il ne se doutait pas que cette tournée allait le tenir éloigné de la France pendant toute la durée de la guerre. Il avait proposé à mes parents de m'emmener. Ma mère ne voulait déjà pas qu'il me fasse traverser le Bois de Boulogne, alors l'Atlantique, vous imaginez !

À son retour, j'avais troqué mon prénom de Jacqueline contre celui de Sophie, et j'étais un espoir du théâtre déjà confirmé. Je jouais, je tournais. Il m'a vue dans mon premier grand rôle, dans *Le Soldat et la sorcière*, au Théâtre de la Ville, et j'ai cru à la sincérité de ses compliments. Mais on m'a dit qu'il s'était étouffé d'indignation en apprenant que j'avais la désinvolture d'aborder le rôle de Célimène sur la scène des Mathurins, après cinq répétitions ! Je ne peux pas lui donner tort.

Quand il est mort soudainement en 1951, j'ai eu beaucoup, vraiment beaucoup de chagrin.

APPRENTISSAGE

Sociétaire honoraire à la Comédie-Française où elle s'était illustrée pendant presque toute sa longue carrière dans les rôles de soubrette, Madame Dussane enseignait au Conservatoire où ses qualités pédagogiques étaient encore mieux considérées que celles de comédienne. En outre, sa fine érudition, sa connaissance de l'histoire du théâtre avaient fait d'elle une conférencière dont le succès s'étendait au-delà de nos frontières, et l'auteur de nombreux ouvrages. Bref, Madame Dussane était une autorité.

Le cher Monsieur Cazalis, qui la connaissait bien, pensait, à juste titre, que personne mieux qu'elle ne saurait me conseiller quant à l'enseignement à suivre pour devenir actrice. C'est donc sur sa recommandation que j'allai, accompagnée de maman, consulter Madame Dussane qui nous avait fixé un rendez-vous, chez elle, boulevard Voltaire.

« Qu'est-ce que te faisait travailler Jouvet ? » me demanda-t-elle d'emblée. Comme je lui répondais : « Camille », elle se récria : « Mais il s'est complètement trompé sur ton compte ! Tu as le nez beaucoup trop spirituel pour t'embêter dans des rôles de tragédie !

Avec un physique aussi gai que le tien, on joue les soubrettes de Molière, les jeunes premières de Marivaux et de Musset ! »

J'étais complètement d'accord avec elle. Et dès cette minute, je sus que j'avais trouvé en Madame Dussane le maître qui allait m'apprendre mon métier.

Elle m'accepta, comme auditrice, dans sa classe, et je commençai de travailler sérieusement. Elle disait de moi que j'étais déjà en possession de mon personnage, mais pas en possession du théâtre. Elle me savait incapable de supporter l'ennui, et c'est vrai que je m'ennuyais très vite. Elle s'ingénia à me faire épouser, de bon gré, une discipline bienfaisante, sans jamais contrarier ma fantaisie, en respectant mon équilibre un peu particulier. Elle inventa, pour me désigner, une qualification nouvelle, celle de « classique-excentrique ».

Louis Jouvet ne m'avait appris qu'une chose : à respirer. Mais c'était beaucoup. Je dirais même : essentiel, pour jouer la comédie. Il faisait passer la technique avant tout.

— Respire. Articule et respire ton texte. Tu mettras du sentiment après. Une fois que tu posséderas la technique, les mots attiseront ta sensibilité et ta nervosité.

C'est un des seuls conseils qu'il m'ait donnés. Mais celui-là, je l'ai toujours retenu et mis en application.

Madame Dussane avait compris qu'il ne servait à rien de m'abrutir de paroles. Elle me proposait des pièces que j'aimais, en me laissant libre de choisir mes scènes.

C'est Jacques Charon qui était déjà officiellement son élève au Conservatoire, et avec lequel je sympathisai tout de suite, qui m'aidait. Question boulot, il ne me lâchait pas, ce gentil Jacques. Il me faisait lire mes textes, étudiait et corrigeait mes arrangements. C'est lui qui m'a suggéré d'étudier le rôle de Flaminia dans *La Double Inconstance*, et celui d'Henriette dans *Les Femmes savantes*. J'avais du mal à maîtriser la prose de Molière, que je trouvais particulièrement difficile à apprendre. J'ai abordé aussi Giraudoux avec son Hélène de *La guerre de Troie n'aura pas lieu*, car il fallait présenter des scènes modernes. Jacques m'a même poussée à travailler des tragédies pour m'élargir la voix. Il se comportait comme un grand frère, soucieux de me faire profiter de son expérience. Nous nous téléphonions dix fois par jour, pour un oui, pour un non. On se rendait mutuellement service, on partageait tout. À vingt ans, il était joli garçon, mince comme un fil, avec des jambes superbes. Étais-je amoureuse de lui ? Peut-être un peu, inconsciemment. Et lui, l'était-il de moi ? Paralysé par la timidité, il piquait un fard pour un rien. Le trac, avant d'entrer en scène, le conduisait au bord du malaise. Fallait-il que sa passion de théâtre fût grande pour qu'il s'astreigne à ce martyre. Je sais bien qu'une telle supposition a de quoi faire sourire n'importe quel psy, mais je reste persuadée que c'est en partie la timidité qui a décidé de son homosexualité, encore qu'il ne se montrât pas beaucoup plus audacieux avec les garçons qu'avec les filles. Et qu'il n'y trouvât guère son bonheur.

Lors d'un week-end, en bande, chez un ami, à Orbec où nous étions plus nombreux qu'il n'y avait de lits, nous avons passé une nuit ensemble, Jacques et moi, sur le même matelas, comme deux enfants, serrés l'un contre l'autre, et dans la plus complète chasteté. Alors que de plus en plus de garçons, naturellement attirés par le sexe opposé, commençaient à se faire pressants, et que mes copines répondaient sans trop de complexe à leurs avances, moi, je n'étais pas du tout préparée à sauter le pas. Je me laissais parfois embrasser, mais ça n'allait pas plus loin. Je ne me sentais en harmonie qu'avec un Maurice Tabarly ou un Jacques Charon.

Quoi qu'il en soit, pour ce qui était de l'apprentissage du métier, ma complicité avec Jacques était totale. Notre éducation sentimentale, c'est avec Marivaux et Musset que nous la faisions. Le théâtre était notre priorité. Si je n'y mettais pas la même passion que lui, pour qui c'était une religion, je ne ménageais aucun effort dans ma détermination à réussir.

Indépendamment de Jacques Charon, un autre camarade de cours dont je me sentais très proche, c'était Jacques-Henri Duval. Grand, sympathique, séduisant, d'une élégante souplesse, nos rapports furent de franche camaraderie, bien que, lui, il aimât les filles. Si nous avons été amoureux l'un de l'autre, ce fut uniquement dans les scènes que nous travaillions ensemble. De la même promotion, c'est en juin 44 que nous avons, lui et moi, remporté un Premier prix de comédie au concours de sortie du Conservatoire. Il entama ensuite une jolie carrière éclectique de comédien et de metteur en scène à laquelle un méchant cancer mit fin dans sa jeune maturité.

Avec lui, avec Jacques Charon, sont morts quelques-uns des moments les plus doux et les plus chaleureux de ma jeunesse.

Il ne me suffisait pas de suivre, en simple auditrice, les classes de Madame Dussane au Conservatoire. Il me fallut essuyer deux échecs avant d'être enfin reçue au concours d'entrée, en octobre 1941, et de devenir officiellement son élève.

Je m'étais donc également inscrite au cours Simon. J'allais le matin au Conservatoire, où je me partageais entre la classe de Madame Dussane, et le cours de Georges Toudouze qui donnait des leçons de diction et de culture, et l'après-midi, au cours Simon.

Tant que nous avons habité Suresnes, ça a été un petit voyage quotidien que je faisais à bicyclette, et mes parents craignaient toujours qu'il m'arrivât quelque chose. Pendant quelques semaines, les Allemands occupèrent notre maison que, fin 1940, mon père, voyant l'urgence de se débarrasser d'une telle charge, finit par brader, et que je quittai avec le soulagement qu'on devine.

Si l'appartement du 106 rue Cardinet où nous avons emménagé était plutôt lugubre, du moins avait-il pour moi l'avantage d'être à deux pas du Conservatoire. Je m'y rendais à pied. Je prenais la rue des Rochers, je dévalais un escalier qui débouchait sur la rue de Madrid et j'y étais. Comme ça me rasait de rentrer à la maison pour le déjeuner, d'autant plus qu'il fallait que j'aide maman, qui n'avait plus de bonne, à faire vaisselle, je restais presque tous les jours à la cantine avec mes camarades. C'était une sorte de chalet suisse. Le prix du repas se montait à deux francs cinquante, tout compris. Évidemment, il ne fallait pas se montrer trop difficile. Mais on était entre nous, et c'était plus important que la bouffe. On se retrouvait avec Daniel Gélin qui était dans la même classe que moi. Un garçon adorable, drôle, dynamique et déjà un cavaleur invétéré. Il n'était pas vraiment beau, pas tout à fait assez grand, souvent négligé, mais il dégageait un charme irrésistible. D'ailleurs il faisait des ravages. Comment y ai-je échappé ? Nous nous entendions très bien, mais sans équivoque aucune. L'avais-je découragé ? Dans ce cas, j'étais bien la seule ! Quand nous nous revoyons, il m'appelle toujours Jacqueline. C'est dire que notre amitié remonte à loin.

Il y avait aussi Françoise Christophe, belle et diaphane comme une nymphe de Botticelli, et myope comme une taupe, ce qui provoquait des quiproquos dont elle ne s'offusquait pas, car, en plus de sa beauté, elle avait de l'humour.

Si Molière l'avait connue, nul doute qu'il aurait écrit le rôle de Zerbinette pour Denise Provence. Elle avait d'inextinguibles fous rires, jusqu'à l'étouffement, qui entraînaient irrésistiblement les nôtres, sans même qu'on en sût la raison.

Maria Casarès et moi, nous étions aussi dans la même classe. C'était une très chic fille, simple, naturelle, bonne camarade, et son talent nous en imposait. Elle frémissait comme une feuille dans le vent. Elle ne pouvait pas prononcer un mot sans être saisie de ce tremblement incoercible qui devint indissociable de sa personnalité. Nous la taquinions, nous la parodions, et ça la faisait beaucoup rire. Car cette tragique à la scène était dans la vie une bonne vivante, toujours prête à s'amuser.

Un an ou deux plus tard, Gérard Philipe, dont Maria devait tomber très amoureuse, nous rejoignit au Conservatoire où il entendait parfaire son instruction. Il arrivait de zone libre. Il avait suivi des cours de comédie à Nice et tenu un petit rôle dans une pièce de Roussin avec Madeleine Robinson.

En juillet 43, encore élèves au Conservatoire, et avant que d'y remporter nos prix, nous sommes allés jouer ensemble, Gérard et moi, *La Double Inconstance* de Marivaux à Versailles, à Pontoise, et à Mantes-la-Jolie.

Après la Libération, nous allions être à nouveau réunis sur la scène du Théâtre Gramont, aujourd'hui disparu, dans une comédie de Marc-Gilbert Sauvageon, *Au petit bonheur*, que, par la suite, Gérard gomma de son curriculum vitae, malgré le succès qu'elle remporta. Si j'ai copiné avec lui pendant quelques années, je ne l'ai pas vraiment beaucoup aimé. Ni admiré. Insensible à son charme asexué, je ne me suis jamais bien expliqué sa fulgurante réussite. Je ne le trouvais pas très bon acteur. Combien je lui préférais Michel Bouquet ! Il n'était pourtant pas beau, le talentueux Michel. Tout jeune, il avait l'air d'un petit vieux. Pour gagner sa vie, il était mitron et arrivait le matin au Conservatoire directement de sa boulangerie, tout couvert de farine. Son physique lui interdisait les rôles de jeunes premiers, alors on l'avait distribué dans Chatterton. Avec tout l'humour dont je suis capable, je lui disais : « Tu es collant ! », faisant référence au chatterton qui se collait sur les pneus de vélos, c'était mon côté Vél d'Hiv, et le pauvre Michel ne comprenait rien du tout. « Pourquoi me dis-tu ça ? Tu es folle ! »

Élève ou auditeur au Conservatoire, je ne m'en souviens plus très bien, Jean-Pierre Grandval était mon amoureux transi. Court sur pattes, rondouillard, il n'avait rien, lui non plus, d'un séducteur, et s'il m'a pris la main quand nous sommes allés voir au cinéma *Les Aventures du baron Münchausen*, il n'a jamais osé pousser le flirt plus avant. Je l'aimais bien, et d'autant plus que grâce à sa mère, Madeleine Renaud, il avait ses entrées à la Comédie-Française. Même mariée, il m'invitait encore, et c'est avec lui que nous avons vu, Sophrone et moi, *Le Soulier de satin.* Je passais ma vie à la Comédie-Française. Quand mes petits-enfants me demandent ce que je faisais pendant l'Occupation, je leur réponds : « J'allais au Français ! » Ils sont stupéfaits. Ils sont incrédules. « Ce n'était pas fermé, la Comédie-Française ? »

Pour en revenir à Jean-Pierre Grandval, quelquefois, l'après-midi, j'allais travailler des scènes avec lui. Il habitait avenue du Président-Wilson, chez ses parents. J'étais grisée de rencontrer ces deux célébrités : Madeleine Renaud et Jean-Louis Barrault, toujours un peu trop aimables avec moi. Madeleine prenait des airs complices, de mère compréhensive. Elle croyait que j'étais la petite amie de son fils et elle était fière de lui ! Pauvre Jean-Pierre ! Il avait une tête de moins que moi... Il n'a pas eu de vie, il n'a pas fait de carrière, il est toujours resté le petit garçon de sa maman. Quand il est mort, quelques années à peine après elle, il n'avait toujours pas grandi. Mais il était si gentil...

Élèves au Conservatoire, nous nous retrouvions tous, plus ou moins les mêmes, chez Simon. Nul ne pouvait ambitionner, dans les années quarante, de réussir dans le métier sans passer par le cours Simon. Pas une seule vedette qui n'ait été son élève. À défaut du chauffage qui faisait cruellement défaut en hiver, quel brasier d'enthousiasme et d'espoir a réchauffé tous ces jeunes gens dans la classe de René Simon ! De quel brassage de talents, petits et grands, son estrade a-t-elle été témoin ? De larmes aussi. Car c'était un drôle d'homme, un acteur raté qui prenait une sorte de revanche dans le pouvoir et la fascination qu'il exerçait sur ses élèves qui l'adoraient, même quand il les torturait. Les filles étaient toutes folles de lui. Les garçons, éperdus d'admiration. Pas moi, mais, comme les autres, j'étais anxieuse qu'il s'occupât de moi. Au début, il ne me ménagea pas. À l'entendre, mon physique était un handicap, et ma voix, rédhibitoire. C'était, paraît-il, sa méthode pour tester chez les débutants leur force de caractère. Car, en plus ou à défaut de dons, pour réussir dans une profession où se comptent les élus, les faibles n'ont aucune chance. Toutes les gracieusetés du maître ne parvinrent pas à m'ébranler. J'ai toujours été obstinée. Obstinée et orgueilleuse. Ayant échoué à me briser, René Simon m'adopta. Que dire de sa méthode d'enseignement ? Il se livrait à toutes sortes de numéros avant de nous pousser à improviser des scènes. C'était un précurseur du « happening ». Livrés à nous-mêmes, il nous disait : « Libère-toi. Sers-toi de tes défauts. Fais du charme ! »

Je ne crois pas qu'il m'apprît grand-chose, à cela près qu'il créait un climat singulièrement émulateur autour de lui.

Il fallait nous entendre discuter avec passion, à la sortie du cours, au café Le Villars, où nous nous restaurions d'un maigre sandwich agrémenté d'un ersatz de moutarde qui ne parvenait pas à décourager notre faim. Je jouais aussi au morpion avec Charon, et nous disputions des parties enragées !

Quand je passe du côté de Saint-François-Xavier, je revois les groupes de jeunes que nous formions, et qui, reculant le moment de se séparer, s'attardaient à bavarder encore et toujours de théâtre, au point d'en oublier les misères et les restrictions de ces années d'occupation. Étions-nous inconscients ? Revisiter le passé, ce n'est pas le vivre. On se voit de très loin, par le petit bout de la lorgnette, comme quelqu'un d'autre. Quoi, cette grande bringue à bicyclette qui s'appliquait à apprendre un métier qui, en dépit des chances et des succès qu'il lui offrit, ne la combla jamais vraiment, cette Jacqueline qui hésitait à devenir Sophie, est-ce qu'elle se reconnaît vraiment en elle aujourd'hui ?

L'avouerai-je ? Ce furent, tout compte fait, d'heureuses années pour nous que ces années-là. Nous avions vingt ans. Et la vie devant nous.

LE CONSERVATOIRE

Au concours du Conservatoire 1942, je donnais la réplique à Jacques-Henri Duval dans *L'Ours* de Tchekhov. Ma surprise fut grande lorsque la salle éclata de rire à ces simples mots : « Ah ! je lui plais ! » que je prononçais sans me douter qu'ils allaient déclencher l'hilarité chez les spectateurs. Après cela, je compris que j'avais un tempérament comique, sans jamais vraiment m'expliquer à quoi cela tenait, sinon une absolue sincérité.

Barillet et Grédy s'étonnaient que, dans *Adieu prudence*, je n'obtienne aucune réaction avec une réplique dont ils attendaient un effet certain. Dans la pièce, je soupçonnais mon mari de me tromper avec une superbe Suédoise que nous hébergions, et je le surprenais, au milieu de la nuit, seul dans la cuisine, en train de dévorer une cuisse de poulet. Et je lui lançais : « On prend des forces ? » « Vous devriez faire rire ! » me soutenaient les auteurs. « Je ne vois pas pourquoi ? Ce n'est pas drôle ! » leur répliquai-je. Je n'avais pas du tout compris que la question était persifleuse, et je la posais sans y mettre le moindre sous-entendu. À la représentation suivante, il me suffit d'y penser, sans rien changer à ma façon de prononcer ces quatre mots, et j'obtins un franc succès de rire du public qui avait perçu l'intention. Entre l'acteur et le spectateur, quand ça fonctionne, c'est de la télépathie !

En 1943, je concourus dans la comtesse de *On ne saurait penser à tout*, et *La Navette*.

Voilà ce que Max Frantel pensa de moi dans *Comœdia* : « Jeu sec mais intelligent. La comtesse : non. *La Navette* : oui. »

Pour *Paris-Soir* : « C'est hors concours qu'on eût dû la mettre, étant donné qu'elle n'a pas le genre de la maison. Toute espièglerie, toute spontanéité, de la présence, un œil, une voix aux inflexions charmantes... Le Boulevard doit rapidement lui faire un sort. »

Aujourd'hui : « Elle est beaucoup plus un élément pour les théâtres de Boulevard que pour les subventionnés. »

Cri du peuple : « Elle méritait mieux qu'un premier accessit. »

En 1944, le jury se composait de Claude Delvincourt, René Rocher, Jean Dehelly, Jean Marchat, Germaine Dermoz, Catherine Fonteney, Marcel Achard, Pierre Bertin, Armand Salacrou.

Je n'ai pas fait l'unanimité, loin de là, auprès des membres du jury, ni de la critique. Je n'étais pas la seule. Voilà ce que pensait Claude Jamet de Gérard Philipe qui ne remportait qu'un deuxième prix :

« Gérard Philipe m'a déçu depuis qu'il ne joue plus les anges à Sodome. » (Référence au rôle qu'il tenait dans la pièce de Giraudoux, *Sodome et Gomorrhe.*)

Monsieur Jamet restait également imperméable aux qualités si évidentes de Michel Bouquet dont il écrivait : « Michel Bouquet, qui a beaucoup d'amis, ne m'a paru drôle que dans le rôle de Narcisse où il ne le faisait certainement pas exprès. »

En raison des coupures de courant, les scènes des candidats étaient réduites à six minutes. Soucieux de se faire valoir, ils tripatouillaient dans leur texte afin d'en conserver le plus propre à les servir. C'était un salmigondis, impitoyablement sanctionné d'un coup de gong, si le malheureux candidat excédait le temps qui lui était dévolu.

Et ce n'était pas tout. Il y avait les alertes. Ma scène fut interrompue trois fois. J'ai toujours pensé que mon succès n'était pas étranger à ces interruptions qui me furent des circonstances atténuantes.

J'ai concouru, en comédie moderne, dans une scène de *Ne t'promène donc pas toute nue*. Feydeau au Conservatoire, on n'avait encore jamais vu ça ! Ce n'était pas sérieux. Rien que le titre, et une candidate qui s'exhibait en chemise de nuit, pour certains jurés, c'était même blasphématoire. Il y eut des empoignades au cours des délibérations. On faillit même en venir aux mains. Armand Salacrou me défendit avec véhémence.

Je ne devais rejouer Feydeau que deux fois dans ma carrière… vingt-cinq ans plus tard ! *La main passe*, au Théâtre Marigny, sous la direction adroite et sûre de Pierre Mondy qui comprend si bien les acteurs, et *Monsieur chasse*, en tournée. Feydeau n'écrit pas des rôles très gratifiants pour les femmes. Quel misogyne ! Sottes, butées, de mauvaise foi, agressives… telles sont ses héroïnes. Il est vrai que les hommes ne sont guère mieux lotis. Mais quelle efficacité ! Quelle drôlerie percutante et même cruelle ! La précision de l'écriture rend ses dialogues difficiles à apprendre, mais quand les rouages sont bien huilés, c'est un plaisir inégalé que le comédien éprouve à jouer Feydeau.

Pas plus aux examens de 43 qu'à ceux de 44, je n'ai eu l'heur de plaire à Alain Laubreaux, le dictateur de la critique dramatique sous l'Occupation :

« Jacqueline Desmarets [...] vive, point sotte certainement, mais avec de la vulgarité dans l'élocution... »

« Dans Madame de Léry de *Un caprice*, avec ses mines, ses roulements d'yeux et les petits mots pincés qu'elle jetait du bout des lèvres, faisait penser à une snobinette bourgeoise plus qu'à une grande dame. »

« De la vulgarité », « snobinette », non, vraiment, je ne lui plaisais pas. C'était son droit.

En revanche, pour Claude Jamet dans *Germinal* :

« Jacqueline Desmarets, une vraie comédienne déjà accomplie, avec tout ce que ce mot implique de finesse d'esprit, de grâce et, comment dire ? d'efficacité immédiate. »

« Efficacité immédiate », je l'accepte comme un compliment qui explique la complicité qui s'établit entre le public et moi, quand je suis en scène.

Le jour où j'ai obtenu mon Premier prix a été un des grands moments de ma vie. Rétrospectivement, j'ai regretté d'avoir été encore mariée avec Sophrone, et de ne pas connaître Jeannot avec lequel j'aurais aimé plus que tout partager ce moment de bonheur.

J'ai regretté de n'avoir pas été engagée à la Comédie-Française, mais en 44, il n'y avait plus d'administrateur. Sur la pression du ministre vichyssois de l'Éducation nationale Abel Bonnard, Jean-Louis Vaudoyer avait donné sa démission en mars 44.

L'heure n'était pas à la nomination d'un remplaçant. En attendant, c'est le doyen des Comédiens-français, André Brunot, qui assurait l'intérim.

Au Français, j'aurais assouvi mon goût des beaux textes dans les classiques. J'aurais pu tenir des petits rôles, auprès de mon copain Charon, et plus tard de Robert Hirsch, sans jouer tous les soirs… mon rêve !

En 1950, Pierre-Aimé Touchard m'a bien proposé d'y entrer, mais j'étais déjà une vedette au Boulevard, et j'avais trop d'engagements de films à honorer. D'ailleurs d'après ce que j'ai entendu dire des mœurs de cette auguste maison, vu mon manque de diplomatie, même les petits rôles m'auraient échappé, et je n'aurais jamais joué !

Il n'empêche que je ne puis passer devant la Comédie-Française sans éprouver un léger pincement au cœur. S'il est des comédiens pour lesquels j'éprouve de l'admiration, c'est bien ceux de cette famille-là, à laquelle, dans le passé, j'aurais souhaité appartenir. Loin du tapage publicitaire, quels que fussent leurs problèmes internes – il y en avait, comme dans presque toutes les familles –, ses membres incarnaient pour moi la noblesse du métier dans toute sa richesse. La compagnie d'alors réunissait les plus grands talents, et j'étais éblouie par la démonstration de gymnastique intellectuelle à laquelle ils se livraient quotidiennement, en passant d'un rôle à l'autre. Si l'alternance n'est plus pratiquée comme par le passé, c'est encore là, aujourd'hui, que se perpétue la plus haute tradition théâtrale.

PREMIERS PAS SUR SCÈNE

Le 6 mars 41 j'ai eu mon premier contact avec un vrai public à Versailles, au Théâtre Montansier, sous le pseudonyme de Sophie Béranger avec mes camarades du cours Simon dans un rôle de religieuse dans *Le Chant du berceau*, une comédie romantique, truffée de bons sentiments.

En janvier 42, presque en même temps que je réussissais enfin mon concours d'entrée au Conservatoire, je redevenais Jacqueline Desmarets pour faire mes débuts parisiens dans *Léonor de Silva*, d'après Calderón au Théâtre de l'Avenue. Max Palenc, un copain du Conservatoire qui assistait Madame Dussane et me chipait un baiser chaque fois qu'il pouvait, avait monté le spectacle avec Renaud Mary. Je jouais le rôle d'une suivante un peu rosse, ce qui me convenait assez. À un moment donné, je parlais d'une belle personne qu'on soupçonnait d'intrigues secrètes, je disais qu'elle était ceci et cela, et je concluais par : « ...et veuve, par-dessus le marché ! » et ça faisait rire. Je ne sais pas pourquoi. La pièce ne fit pas long feu. Au bout d'un mois, on la retirait de l'affiche.

À la fin de la même année, en décembre, je jouai dans un conte galant inspiré de Brantôme et Boccace, *Monsieur de Falindor*. J'incarnais une élégante châtelaine et l'on me trouva « piquante et spirituelle ». Ma réplique d'entrée, c'était : « Bonjour, Angelette, jolie petite chatte. Est-elle mignarde ! »

La pièce se donnait dans une petite salle aujourd'hui disparue, rue Monceau. J'étais jeune mariée depuis l'été, nous habitions rue Andrieux, tout près. C'était pratique ! Je pouvais me rendre à pied de chez moi au théâtre. J'ai toujours eu une prédilection pour les salles facilement accessibles depuis mon domicile. Nul doute que le parcours à accomplir quotidiennement ait parfois influencé mes décisions. Une ligne de métro directe, mon rêve ! On ne peut pas dire que ce soit une ambition de star…

Monsieur de Falindor remporta un succès fou et tint l'affiche jusqu'à la fin de la guerre. Mais moi, je me fis remplacer au bout de deux mois et je ne remontai sur une scène, celle du Théâtre Saint-Georges, qu'en décembre 1943. Mon passage y fut éphémère, le plus bref de ma carrière : je ne jouai qu'un seul soir *Un incompris*, un acte de Montherlant qui venait en complément de *Fils de personne*. Cela faisait un spectacle trop copieux pour être conforme aux horaires imposés par l'Occupant. On sacrifia donc *Un incompris*, même si, sans lui, la soirée semblait, à l'inverse, un peu courte !

J'aimais bien la pièce qui racontait l'histoire d'une rupture pour raison d'éthique : un homme renonçait à la femme qu'il aimait, parce qu'elle était toujours en retard.

Jean Meyer, le metteur en scène, a écrit, plus tard,

que la longueur du spectacle servit de prétexte au sacrifice de ce lever de rideau qui était très mauvais. Ce n'est pas le souvenir que j'en conserve. La pièce est éditée dans la Pléiade avec le théâtre de Montherlant. Il faudra que je la relise.

Je revois Henry de Montherlant qui assistait aux répétitions. Il avait toutes les indulgences pour son jeune interprète de *Fils de personne*, Michel François. Le gamin montait se cacher au balcon, où je l'accompagnais, pour viser le maître installé à l'orchestre, et le bombarder d'avions en papier dans lesquels il piquait une épingle. « Aïe ! » faisait Montherlant quand le projectile atteignait sa nuque. Et nous nous tordions, comme deux idiots. En ce qui concerne Michel François, c'était de son âge. Il devait avoir dans les treize ans. Mais moi… !

« Remerciée » par la direction, j'aurais pu exiger d'être payée aussi longtemps que *Fils de personne* tint l'affiche. Cela m'aurait fait une jolie rente, car la pièce remporta un gros succès. Cela ne me vint pas à l'idée, encore moins à celle de Paul Olivier, et je m'estimai déjà royalement dédommagée par le ravissant tailleur de Lelong que j'avais porté une fois dans la pièce, dont me fit cadeau la directrice Mary Morgan, une femme pour laquelle j'avais beaucoup d'estime et d'affection, et que je retrouvai à plusieurs occasions.

En février 44, je suis revenue à la scène dans une comédie gentillette, *Tout est parfait*, à l'Apollo, la grande salle de la rue de Clichy reconvertie en théâtre, où j'allais avant-guerre assouvir ma boulimie de films. L'auteur de cette comédie était un prisonnier de guerre, à l'Oflag 21 B, André Haguet, dont on avait déjà représenté, avec un plus grand succès, *Une jeune fille savait...*

Pour une fois, même les répétitions m'ennuyèrent, et je ne trouvai pas l'atmosphère ambiante sympathique.

Je ne retiens guère de cette aventure, limitée dans le temps, trois ou quatre mois, que le souvenir de la proximité de la rue de Clichy avec la rue Andrieux où j'habitais encore.

En fin de saison, en juin 44, alors que les Alliés avaient déjà débarqué en Normandie, Simone Berriau monta au Théâtre Antoine un spectacle composé de trois pièces courtes : *Au téléphone* de C. Foley et André de Lordes, les spécialistes des pièces d'épouvante pour le Grand Guignol, avec Héléna Bossis, la fille de la directrice, ma copine Lélette ; *Un petit trou pas cher* d'Yves Mirande avec Jean Parédès, et *La Navette* de Becque.

C'est avec plaisir que Jacques-Henri Duval et moi, nous retrouvions ces rôles qui nous avaient porté chance. Le grand artiste Drian m'avait dessiné une robe ravissante. Il esquissa même ma silhouette dans une fresque du foyer du théâtre où l'on peut encore la voir.

Sophrone était le roi des blagueurs. Il avait, un soir, à mon insu, pris la place du souffleur. Grande fut notre surprise de l'y découvrir, essayant de nous distraire par des grimaces et des pitreries. J'étais furieuse contre lui, mais, en même temps, j'éprouvais le plus grand mal à tenir mon sérieux. D'autant plus qu'une même réplique revenait à plusieurs reprises au cours de l'acte : « Cette situation ne peut plus durer ! » Jacques-Henri l'articulait avec une mimique éloquente, en direction du « souffleur » et il finit par avoir raison de ma résistance. Je délivrai mon texte dans des hoquets de rire.

En ce mois de juillet 1944, nous passions nos après-midi, Lélette et moi, à la piscine du Racing, avec le bruitage de plus en plus rapproché de bombardements quotidiens sur la région parisienne. Nous y retrouvions, entre autres, Blanchette Brunoy qui se produisait à la Porte Saint-Martin dans *Les Deux Orphelines* – un peu plus âgée que nous, elle avait déjà beaucoup joué et tourné en vedette – et Jean Paqui (dans le privé, chevalier d'Orgeix) qui avait débuté enfant. Il y avait aussi Michel Boisrond, un beau, grand garçon blond, racé, qui plaisait beaucoup aux filles, et que j'aurais l'occasion de retrouver professionnellement dans l'avenir, et Christiane Paulvé, la femme de l'important producteur de films. En fin de soirée, Lélette et moi, nous enfourchions nos bicyclettes pour aller jouer à la lumière du jour, devant des salles de plus en plus clairsemées, jusqu'à ce que le Théâtre Antoine décide de sa fermeture annuelle le 15 août, quelques jours à peine avant la Libération.

DÉBUTS À L'ÉCRAN

Ça s'est passé comme une blague. Mon père connaissait très bien le metteur en scène Henri Decoin, qui avait été journaliste sportif à *L'Auto*. De surcroît, Decoin était marié avec Danielle Darrieux. Très grande vedette, elle avait déjà tourné une vingtaine de films en 38, quand j'étais encore pensionnaire à Neauphle. Les vacances de Pentecôte approchaient. Papa avait dit à son vieux copain que ça amuserait sa fille de tourner dans un film, et Decoin, qui allait donner le premier tour de manivelle de *Battements de cœur*, lui avait répondu : « Eh bien ! envoie-la-moi. Il va y avoir une scène de bal ! » Alors j'y suis allée. Je n'avais pas confiance en moi, mais je n'étais pas timide. Decoin m'a présentée à Danielle qui a été spontanément gentille comme tout avec moi. Elle m'a même invitée à me maquiller et à revêtir ma robe du soir dans sa loge. Il ne fallait pas qu'une petite jeune fille de bonne famille comme moi se mélange avec la figuration ! On m'a choisi comme cavalier un jeune homme très bien élevé. Pendant deux jours, je me suis amusée comme une folle. Évidemment, je n'avais pas un mot à dire. Quand j'ai assisté dans une salle de cinéma, en séance publique, à la projection du film, j'ai hurlé : « Je me vois ! Je me vois ! » Pour me reconnaître, il fallait vraiment savoir que c'était moi. Voilà mon premier contact avec le cinéma, et, après ça, je n'y pensai plus.

Il me fallut attendre trois ans pour remettre les pieds dans un studio. C'était encore Henri Decoin qui tournait *Premier Rendez-vous*, toujours avec Danielle Darrieux. Le couple s'était disloqué. Ils avaient divorcé, ou ils étaient sur le point de le faire.

Élina Labourdette, élève comme moi chez Simon, m'avait demandé de lui donner la réplique pour passer une audition devant le metteur en scène. Et c'est moi qui ai décroché le rôle. J'habitais encore chez papa et maman, puisque je prenais le métro à Malesherbes, pour aller à Boulogne-Billancourt.

La plupart de mes copains du cours Simon faisaient partie de la distribution. Il y avait d'un côté « les orphelines » : la plus proche de moi, la fille du grand acteur André Luguet, Rosine Luguet, dite Rosinette, Françoise Christophe, Simone Valère, Jacqueline Gauthier et, de l'autre, « les étudiants » : Daniel Gélin, Georges Marchal, Jacques Charon, Louis Jourdan, Jacques Denoël, Jacques-Henri Duval.

L'atmosphère était franchement collégiale. Danielle se comportait davantage comme une grande sœur que comme une vedette. Ça l'amusait beaucoup de me voir cracher dans ma boîte de rimmel pour me faire les cils. Elle, elle trempait la brosse dans l'eau. Je ne sais plus qui m'avait dit que la salive faisait mieux tenir le rimmel. Je n'étais pas très experte. Je portais mes propres vêtements pour tourner. Un jour, je suis rentrée à la maison, avec le col de ma robe taché de maquillage. Ma mère, toujours aussi maniaque, l'a aussitôt envoyée chez le teinturier. Catastrophe, la robe n'en était pas revenue alors que je devais la remettre pour une scène qui s'enchaînait avec la dernière. Résultat, on me voit monter en autobus avec une robe, et en descendre en tailleur ! On m'a engueulée. J'ai riposté : « Cette robe, elle est à moi, et elle était sale. Je n'ai pas l'habitude de porter une robe sale ! » Mais c'est surtout l'assistant qui a écopé pour ne pas m'avoir prévenue.

Il y a eu un autre couac. Comme Danielle chantait ce qui allait devenir le tube des années 40 : *« Ah ! qu'il doit être doux et troublant, l'instant du premier rendez-vous... »*, j'étais assise par terre, à côté d'elle, pendant qu'on la filmait. Je ne me savais pas dans le champ, et pour faire rigoler les copains, je multipliais les grimaces pour illustrer la mélodie de Danielle. Aux rushes, on ne voyait que moi. Decoin m'a passé un savon, mais il avait du mal à garder son sérieux ; quant à Danielle, elle en pleurait de rire.

Naturellement, le bouc émissaire, ça a encore été l'assistant. Parce que je n'avais pas pu me retenir de faire le singe, on a dû recommencer une nouvelle prise, le lendemain, aux frais de la production.

Après cette expérience, j'avais le culot de noter dans mon journal : « J'ai compris ce que je dois faire. Ne pas me rider. Jouer surtout avec les yeux. Ne faire presque pas de gestes et pas de grimaces. »

MON TYPE D'HOMME

Brun, blond, ou même chauve, je n'ai pas de préférence. Pour moi, l'intelligence, chez un homme, passe avant le physique. Le jeune premier, l'œil de velours, ça n'a jamais été ma tasse de thé, comme on dit. En revanche, un homme doué du sens de l'humour, il a toutes ses chances avec moi. Je suis surtout cliente de l'humour à froid. L'exubérance me désarçonne, me dérange. Les rigolos péroreurs, les hâbleurs, les mégalos, non merci.

Quant au physique, mes goûts sont très éclectiques. Mis à part Charles Trenet qui représentait pour moi l'idéal absolu, je pouvais aussi bien m'éprendre d'un grand blond maigre que d'un petit costaud râblé. Mon cœur balançait entre Pierre-Richard Wilm et James Cagney. Il y a des hommes laids que je trouve beaux. Serge Gainsbourg, par exemple. En ce qui concerne celui-là, je n'ai pas été la seule. Bernard Blier n'a certes pas embelli avec l'âge, mais quand il était jeune, quoique déjà presque chauve, j'ai été très sensible, oui, très, et même un peu plus, à son charme. Et comme je ne lui étais pas indifférente non plus... Si je me cherchais une excuse, je dirais que j'étais alors une jeune mariée, cruellement délaissée par son joueur d'époux.

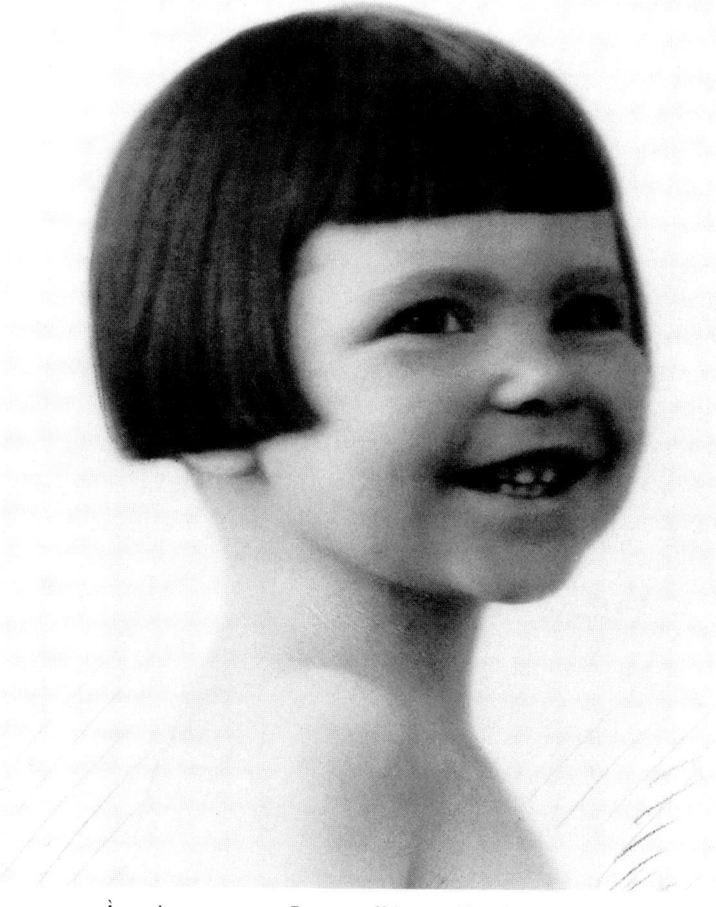

À trois ans, entre Jeanne d'Arc et Louise Brooks,
je cherche encore mon style.

Directeur du Vél d'Hiv, mon père, Bob Desmarets,
organise les Six Jours.

Ma mère, Yvonne Desmarets.

Sur les genoux de mon père,
avec mon frère Jacques.

Le baiser de mon frère et le sourire de ma mère
me donnent l'air chagrin !

À dix ans, sur la plage de Préfailles.

Petite fille, j'adorais l'atmosphère du Vél d'Hiv.

Pour une publicité de Perrier, j'ai choisi de me déguiser en championne cycliste.

Aux Joncs, entre mes filles Caroline (à gauche) et Catherine (à droite).

René Froissant, dit « Sophrone »,
mon premier mari, le père de Catherine.

L'homme de ma vie, Jean de Baroncelli, mon second mari, le père de Caroline.

La Paillade, où j'espérais finir mes jours. C'est aujourd'hui une cité de 30 000 habitants.

Kerr Caline, à Préfailles. Depuis ma naissance, j'y ai séjourné chaque été.

Les Joncs. Pendant trente ans, j'y ai passé presque tous mes week-ends.

Avec Cosette.

Avec Constance, et Caroline.

Aux Joncs, avec Catherine.

Tableau de famille, dans le salon de l'avenue Mac-Mahon.
Seul le bulldog, plus vrai que nature, est en faïence.

Sur mon balcon, avenue Mac-Mahon.

Entre mes deux auteurs préférés, Pierre Barillet (à gauche) et Jean-Pierre Grédy (à droite).

À Préfailles, départ pour la pêche avec René Clair.

Ce à quoi je ressemble maintenant, dans mes bons jours.

Mais je n'en cherche pas. J'assume ! Bernard était très drôle, très méchant, très intelligent, mais sensible aussi, et pudique.

Il en est un qui me laisse un souvenir particulier, un peu ému aussi, et peut-être un regret. C'est Alain Cuny. Nous nous sommes rencontrés à Montmartre, aux studios de la rue Francœur, en faisant des essais pour un film de Louis Daquin : *Nous les gosses*, dans lequel nous n'avons d'ailleurs été engagés ni lui ni moi. Mais nous avions sympathisé. Je le trouvais beau et étrange. Il avait un côté taciturne, secret. Il m'a dit : « Je vous téléphonerai. » Ce qu'il a fait, peu après, pour m'inviter à venir le voir à Roland-Garros, dans une œuvre sportive d'André Obey : *Huit Cents Mètres*, donnée en gala au bénéfice du Secours national.

Tous les jeunes premiers y participaient : Jean-Louis Barrault, Jean Marais, Louis Jourdan, Georges Marchal...

Cuny avait ajouté qu'après le spectacle il m'invitait à prendre le thé, qu'il achèterait des gâteaux. Et sans arrière-pensée aucune, j'avais dit oui !

Il n'habitait pas loin, à la porte de Saint-Cloud, dans un de ces immeubles 1925, en briques rouges.

À peine arrivés chez lui, il s'est jeté sur moi, en deux minutes il m'a déshabillée et je me suis retrouvée toute nue sur le lit. Alors, saisie de panique, j'ai pleurniché : « Vous savez, je n'ai encore jamais fait ça ! » Ça l'a refroidi. Il a remonté son pantalon qu'il avait à moitié baissé. Il a simplement dit : « Ah ! bon ? » et il m'a laissée repartir en me donnant les gâteaux. Je me sentais penaude. Il aurait pu m'en vouloir. J'avais tout de même dix-neuf ans. Après tout, je devais bien me douter de ce à quoi je m'exposais, en acceptant son invitation. Mais j'étais gourde ! Alain s'est montré très élégant. Quand j'ai joué *Le Soldat et la sorcière*, il est même venu me voir, et il a été très chaleureux. Lui en aurais-je vraiment voulu s'il avait fait preuve d'une plus grande détermination ?

UN CERTAIN SOPHRONE

Sophrone, ça veut dire malin, en champenois. C'est son parrain, propriétaire d'une grosse affaire de laitages en Champagne, « Les Fermiers réunis », qui avait ainsi surnommé René Froissant. Il était charmant, cocasse, très intelligent, avec un visage rond, un nez retroussé, des petits yeux pétillants ; et toujours gai, et de bonne humeur.

Les parents de Sophrone étaient des gens très simples, des artisans. Sa mère avait un petit atelier de broderie, pour les couturiers. Je n'aimais pas beaucoup Madame Froissant. Et c'était réciproque. Farouchement anticléricale, elle bouffait du curé. Si je me suis décidée au mariage, ça a été vraiment pour fuir la maison, la cohabitation avec maman devenant de plus en plus oppressante. Après tout, Sophrone était amoureux fou de moi... La première chose que je lui ai dite, le jour de notre mariage, ça a été : « Nous sommes le 7 août 1942. Dans cinq ou six ans, nous serons divorcés ! » Ce à quoi il a répondu : « Ça commence très bien ! »

La cérémonie s'est déroulée à Noirterre, près de Bressuire, dans les Deux-Sèvres. Mes parents avaient loué une ferme dans un but essentiellement alimentaire. On sait que, pendant l'Occupation, la bouffe était le souci majeur des Français. Dans le Poitou, on arrivait facilement à se ravitailler. J'y allais en vacances. Je prenais le train jusqu'à Poitiers, et de là, un car à gazogène pour Bressuire. Isolée au milieu des champs, la ferme était d'un confort très relatif. Je me souviens encore de l'énorme édredon rouge qui était sur mon lit. J'adorais me blottir sous cet édredon.

Jacques Charon avait accepté d'être mon témoin. Il est arrivé la veille. Il a couché à la ferme. Il y avait aussi mon frère, la famille Froissant, des copains, c'était très sympathique. Je tenais à me marier à l'église. J'ai obligé Sophrone à se faire baptiser, contre la volonté de sa mère. Si j'avais su... Je l'ai bien regretté, par la suite.

Maman m'avait fait faire une très jolie robe chez Heim Jeunes Filles. Jeune fille, je l'étais encore, mais plus pour longtemps. J'ai toujours eu le goût de la fleurette. Ma robe était à fleurettes, sur fond de couleur framboise écrasée. Je portais aussi un petit chapeau.

Ça a été une vraie noce de campagne. Pour le banquet, on avait dressé une énorme tablée, sur des tréteaux, au milieu d'une prairie. Tout le monde a bien mangé, bien bu. Certains ont poussé la chansonnette. Mon mariage m'a laissé un joli souvenir, un peu comme si j'en avais été davantage le témoin que l'héroïne.

Le soir même, nous avons repris le train pour Paris. La nuit de noces a donc été remise au lendemain. Ça s'est passé dans un joli petit appartement, prêté par un ami de Sophrone, au fond d'une cour, avenue Victor-Hugo. Nous y sommes restés huit jours, avant de nous installer rue Andrieux, dans un immeuble dont Simone Berriau était la propriétaire. Afin de libérer pour nous un appartement, elle en avait délogé un jeune Polonais pour l'envoyer partager celui de sa fille, à l'étage au-dessous.

Chanteuse à l'Opéra-Comique, puis comédienne au Boulevard et à l'écran, Simone Berriau s'est surtout distinguée comme directrice du Théâtre Antoine de 1943 jusqu'à sa mort en 1984.

Forte personnalité, elle a été une figure emblématique du Tout-Paris pendant un demi-siècle.

Je conserve un souvenir très joyeux de la vie de cet immeuble qui n'était habité que par des copains.

Sophrone et moi, au cinquième et dernier étage, avions pour voisin Yves Mirande.

Lélette menait une existence un peu turbulente. Un jour, un monsieur avec qui elle venait de rompre, a voulu lui reprendre de force un manteau de fourrure qu'il lui avait offert. Les hurlements de Lélette ameutèrent tous les locataires qui volèrent à son secours. Je revois son ex-mari, le comédien Jacques Castelot, frère d'André, qui habitait, lui aussi, l'immeuble, et qui fit irruption pour défendre son ex-femme, armé d'un bâton de ski ! Avec Sophrone, nous avons âprement disputé le manteau de fourrure. Sur ces entrefaites, Simone Berriau, alertée par téléphone, débarquait rue Andrieux, mais après la bataille, l'agresseur ayant battu en retraite en abandonnant son butin. De son côté, Madame François, la concierge qui s'occupait de tout, appelait le commissariat qui nous dépêchait deux policiers. Comme ils s'étaient dérangés pour rien, Simone Berriau leur a offert le champagne, et on a tous trinqué ensemble. Lélette avait sauvé sa fourrure, et ça s'est terminé en franche partie de rigolade. Simone Berriau était un personnage étonnant. Je ne l'ai jamais vue, même chez elle, sans un chapeau sur la tête, attaché par une jugulaire, et elle avait les yeux toujours barbouillés de gras. Elle avait son franc-parler et elle ne s'est pas toujours montrée une mère très tendre envers Lélette. Ni un exemple de vertu !

Yves Mirande, le débonnaire et spirituel auteur boulevardier, était un intime de Simone Berriau qui veillait à ce que son réfrigérateur soit toujours bien approvisionné. Nous faisions régulièrement des descentes dans sa cuisine, pour nous servir sans vergogne. Car nous pouvions toujours entrer librement les uns chez les autres. Un jour, Toto (c'était le surnom d'Yves Mirande) a piqué une crise, parce qu'on lui avait fauché la moitié du gigot qu'il voulait servir à déjeuner le lendemain à Raimu.

Les frères Castelot étaient exquis, fins, cultivés, drôles. Grâce à leur mère – ou à cause d'elle ! – qui entretenait des rapports intimes avec l'écrivain Alphonse de Châteaubriant, directeur du journal collaborationniste *La Gerbe*, André assurait la critique dramatique de l'hebdomadaire.

Au moment de la Libération, j'ai vu André qui accrochait un drapeau à son balcon. Je lui ai demandé : « Qu'est-ce que tu fais ? » Il m'a répondu : « J'ai peur. Je vais avoir des ennuis ! » Il ne tenait pourtant que la rubrique théâtrale, sans jamais se mêler de politique. Il n'empêche que, malgré le drapeau, il a été mis en prison et acquitté, blanchi, au bout de six mois.

Le grand rabbin était le locataire du premier étage. Quand, bien des années plus tard, je me suis rendue en Israël, je l'ai rencontré. Il était très, très vieux. Mais c'est lui qui m'a reconnue. Il m'a dit : « Mais vous ne vous souvenez pas, la rue Andrieux ? Nous y avons habité ensemble ! »

Madame François avait un fils aveugle. Il occupait une chambre de bonne. L'ascenseur n'accédant pas, comme dans tous les immeubles bourgeois, à l'étage de service, on lui permettait de traverser notre appartement pour remonter chez lui. J'entends encore le bruit de sa canne sur le parquet, alors que parfois il me surprenait déshabillée. Il ne pouvait pas me voir, bien sûr, mais sa présence me causait une sorte de malaise.

C'est rue Andrieux, dès que je m'y suis installée avec Sophrone, que Mimi est entrée à notre service, en 42. Elle était bretonne et nous avions exactement le même âge toutes les deux. Elle est toujours avec nous ! Mimi, qui a élevé mes deux filles et ne nous a jamais quittées, veille maintenant sur mes petites-filles, en Normandie, chez Caroline. Quand je l'ai engagée, je ne savais pas du tout la commander. Ça m'intimidait. D'ailleurs elle était beaucoup plus autoritaire que moi. Elle dirigeait tout, dans la maison. Même quand Sophrone ne la payait pas – ça lui arrivait ! – Mimi disait : « Je me débrouillerai ! » Et elle se débrouillait.

Sophrone possédait un cheval qui s'appelait Percepteur. Il en avait perdu la moitié au jeu. Il lui restait la tête, donc il fallait le nourrir, ce qui n'était pas une mince affaire sous l'Occupation. Nous allions à bicyclette à Maison-Laffite, pour nourrir Percepteur. Un jour, Sophrone l'a regagné en entier. Alors je lui ai dit : « Si tu en reperds la moitié, tâche cette fois-ci que ce soit le bas ! On ne sera pas obligés d'aller le voir faire pousse-pousse ! »

Finalement, un coup de poker a coûté à Sophrone

les deux moitiés de Percepteur et, grâce au ciel, je n'en ai plus entendu parler.

Rue Andrieux, il y avait un va-et-vient permanent de copains, des parties de belote tumultueuses, des soirées improvisées chez l'un ou chez l'autre, et d'épiques jeux de la vérité auxquels se joignaient souvent, outre les résidents permanents, Gérard Philipe, et la ravissante Francine Bessy (qui serait bientôt Madame Pierre Dux).

Il a fait très beau, au moment de la Libération. De nos fenêtres, on voyait les résistants dépaver le boulevard des Batignolles pour ériger une barricade.

Un matin, sur le balcon de la rue Andrieux où je prenais le soleil, Sophrone m'a crié : « Couche-toi ! Couche-toi ! » Je me suis aplatie, et j'ai entendu « Pffft » siffler à mon oreille. La balle était vraiment passée tout près. Il y avait des tireurs partout sur les toits, et ils appuyaient n'importe comment sur la gâchette.

Sophrone, toujours débrouillard, avait trouvé une moto et il n'arrêtait pas de circuler dans tout Paris. Il me prenait en croupe, et j'avais une peur bleue. On faisait la tournée des boîtes, pour fêter la victoire... Le comédien Pierre Louis était tout le temps avec nous. Après ça, il nous a dit qu'il faisait de la résistance. Le bruit courait aussi que c'était Julien Bertheau, alors sociétaire de la Comédie-Française, qui « organisait tout ». Tout quoi ? Mystère. Des copains, avec lesquels nous n'avions rien fait d'autre que rigoler, se donnaient tout d'un coup beaucoup d'importance.

Le 24 août, nous sommes sortis pour voir ce qui se

passait. Avec les premiers soldats français que nous avons croisés, on s'est embrassés. Tout le monde avait envie de s'aimer !

Le lendemain, nous étions sur les Champs-Élysées, et à l'apparition de De Gaulle, j'ai compris que j'assistais à un grand moment, et je me suis mise à pleurer comme une fontaine.

Quelques mois plus tard, un soir, Simone Berriau nous a invitées, sa fille et moi, à dîner. Avec Lélette, on ne se quittait pas. Je la voyais beaucoup plus que mon mari, toujours occupé à taper le carton. Si l'on voulait joindre Sophrone, on pouvait toujours le trouver rue Boudreau, au Toot's Bar, ou au Bar Diamant, place Saint-Augustin. La Libération n'avait rien changé à ses habitudes.

Simone Berriau habitait rue Raynouard et elle invitait toutes sortes de gens très importants, des hommes politiques, des artistes... Dès le lendemain de la Libération, et peut-être le jour même, elle recevait des Américains à sa table, et on oubliait certains convives qui les avaient précédés.

Ce soir-là, il y avait, entre autres, Colette et Gaby Morlay. En ces temps de pénurie, la bouffe chez Simone Berriau était, comme elle l'avait été pendant toute l'Occupation, excellente et copieuse. Après le dîner, un avocat de grand renom a suggéré : « Si on se faisait une séance de films cochons ? Le temps d'aller les chercher... Qui m'accompagne ? » L'hôtesse nous a désignées, sa fille et moi. Arrivées devant chez lui, dans une impasse qui donne sur le boulevard des Invalides, à la hauteur de Duroc – j'y repense encore, chaque fois que je passe par là – nous l'avons attendu dans la voiture, pendant qu'il montait chercher les films. Une fois de retour rue Raynouard, les invités se sont installés confortablement pour la projection.

Je connaissais un peu Gaby Morlay avec laquelle j'avais tourné dans *Jeunes Filles dans la nuit*, où elle tenait le rôle de ma mère. Mon admiration pour elle était immense. C'était une femme droite, franche, directe, courageuse, sans affectation aucune. Et elle aimait bien le champagne. Ce qui ne l'a pas empêchée non plus de faire une belle carrière.

Gaby Morlay m'a prise par la main et elle a dit : « Ah non ! Je ne veux pas que cette petite voie ça ! » J'étais mariée, mais c'est vrai que je n'avais encore jamais vu « ça ». Seulement Gaby Morlay a fait une chose terrible, sans s'en rendre compte. Elle m'a assise, dos à l'écran, face à ceux qui regardaient le film. C'était pire. Je n'oublierai jamais leurs visages.

À une réunion des acteurs, à la Libération, je ne sais plus quel comédien a proféré des paroles vengeresses contre un confrère qui avait plus de chance ou de talent que lui, et moi, grande gueule, je l'ai interpellé : « Dis donc ! Ça ne t'empêchait pas de serrer la main au maréchal Pétain ! » Je me suis fait huer. Il n'y a eu que Paul Meurisse, assis devant moi, pour se retourner et me dire : « Bravo ! Vous avez raison ! »

À une comédienne qui commençait à changer d'emploi, dont je tairai le nom, et qui me rappelait que j'avais eu mon prix au Conservatoire sous Pétain, j'ai répondu : « Tout le monde ne peut pas l'avoir eu sous Félix Faure, Madame ! »

Un soir, en rentrant du Gramont où je jouais *Au petit bonheur*, Sophrone m'a annoncé qu'il avait perdu notre appartement au poker et qu'il nous allait falloir déménager sur-le-champ. Ce qui est extraordinaire, c'est que j'ai obtempéré sans rien dire. J'ai fait ma valise, et nous sommes allés nous installer à La Résidence, à Neuilly, avec vue sur le cimetière. Je tournais un film à Joinville où je me rendais à bicyclette chaque matin. De Neuilly, ça faisait tout de même une distance, d'autant plus que je jouais le soir, pour rentrer, toujours à vélo, après la représentation, à La Résidence où je me retrouvais seule. Sophrone tapait la carte au Toot's Bar ou ailleurs, et il revenait à Dieu sait quelle heure.

Un mois et demi plus tard, nous avons réintégré l'appartement de la rue Andrieux, qu'il avait regagné au poker.

Quand j'ai été enceinte de Catherine, j'ai espéré que ça allait tout changer. Mais rien n'a changé. Le jour où j'ai accouché, c'est notre ami Tony Meyer qui me tenait la main. De sa belle voix grave, à la résonance un peu théâtrale, il me répétait : « Prends ma force ! »

Sophrone, lui, était comme à l'habitude, en train de disputer une partie de poker. Père de famille, il jouait toujours autant. Il gagnait, il perdait... Quand il gagnait, il payait largement, mais comme il perdait encore plus souvent, les dettes s'accumulaient, et c'était moi qui casquais. Il promettait : « Je te rembourserai... » Vœu pieux ! Quand je l'engueulais, il me disait : « Tu as raison, et ta voix est une musique ! »

Il avait toujours plein d'idées. Certaines étaient bonnes – celle des listes de mariage par correspondance, par exemple. Ça aurait très bien pu marcher. Mais il manquait d'esprit de suite. Il entreprenait et lâchait prise en cours de route. Rien, jamais, n'aboutissait, puisque sa priorité, c'était de s'asseoir à une table de jeu. Le reste ne comptait pas.

Facétieux, il n'était jamais à court de blagues. Il faut dire que, dans ce domaine, j'étais la victime idéale. Comme je ne sais pas mentir, je crois tout ce qu'on me raconte. Et Sophrone abusait de ma crédulité. C'est ainsi qu'en 1945, alors que, pour la première fois, les femmes ayant acquis le droit de vote, j'accompagnais mon mari pour remplir ce devoir civique, je m'étonnai devant les isoloirs et leurs rideaux.

— À quoi ça sert ? lui demandai-je.

— Pour se déshabiller ! On se déshabille, pour voter ! Tu ne voudrais pas ôter ta robe devant tout le monde ?

Il eut tout juste le temps de m'arrêter !

Un jour, il s'est étonné que je n'aie jamais entendu parler du général Glot ni du train Glot, et j'ai eu honte de mon ignorance. Je ne connaissais rien de l'invention du général qui, selon lui, avait considérablement amélioré le trafic ferroviaire pour les déplacements de l'armée. Lorsque deux trains se rencontraient sur une voie unique, le train Glot déployait des rails qui lui permettaient d'éviter la collision, en passant par-dessus l'autre convoi. Sophrone, en traversant Versailles, m'a même montré la statue du général Glot érigée sur une place, en reconnaissance des services rendus à la patrie.

Au cours d'un dîner mondain où la conversation fléchissait quelque peu, je lançai la question : « Vous avez entendu parler du train Glot ? » aux convives qui se demandaient si je me fichais d'eux, et auxquels j'expliquai avec le plus grand sérieux le fonctionnement de cet engin révolutionnaire.

Un soir, j'assistai à une représentation de *Cyrano de Bergerac*, à la Comédie-Française, installée dans une avant-scène où m'avait fait placer Jacques Charon. Dès le lever du rideau, je fus un peu surprise par le manège d'un figurant en mousquetaire qui s'approchait de mon côté et me faisait de l'œil avec insistance. Au deuxième acte, chez le pâtissier Ragueneau, le même manège recommençait. Au siège d'Arras, un cadet m'envoyait des baisers ! et au dernier acte, c'est une religieuse qui m'a fait un pied de nez ! Je n'y comprenais plus rien, et je me demandais même si je n'étais pas victime d'hallucinations.

On l'aura deviné – ce que je n'ai pas fait ! –, Sophrone m'avait joué ce tour avec la complicité de Jacques Charon, semant également le trouble sur scène où les pitreries de mon mari ne passaient pas non plus inaperçues.

Mais tout ne fut pas aussi drôle durant ma vie conjugale avec Sophrone. Loin de là ! Au bout de quatre ans, j'en avais vraiment par-dessus la tête, et je voulais à tout prix m'en sortir. Pour cela, il fallait commencer par m'éloigner. C'est le producteur André Paulvé qui a été mon sauveur. Alors que j'étais enceinte jusqu'aux yeux, il m'a signé un contrat pour aller tourner un film en Italie, *Rocambole*. C'est grâce à l'à-valoir que j'ai pu régler la clinique du Belvédère où j'ai accouché de ma Catouche.

Ma première rencontre qui allait décider de mon avenir et de toute ma vie, elle a eu lieu avec le metteur en scène Jacques de Baroncelli – que tout le monde appelait « Baron » bien qu'il fût marquis ! – dans cet appartement même que j'habite aujourd'hui, avenue Mac-Mahon. Par la même occasion, j'ai fait la connaissance de René Clair, un grand ami de Baron, qui se trouvait là, et qui, lui aussi, allait devenir un des êtres qui me serait le plus cher. Malgré une apparence qui ne plaidait pas en ma faveur, Baron dut se faire une idée de ce que ma silhouette redeviendrait au terme de ma grossesse, et il approuva le choix de Paulvé.

Une fois rétablie, je suis partie pour Venise. Tony Meyer m'avait dit : « Tu auras une carte postale tous les jours, pour te donner des nouvelles de Catouche », et il a tenu parole. Moi, j'envoyais des chèques pour l'entretien de mon bébé, de Mimi, de l'appartement. Sophrone les encaissait. Nous étions mariés sous le régime de la communauté. On sait l'usage qu'il en faisait.

Dans un de ses moments de largesse, Sophrone avait commandé mon portrait à Jean-Gabriel Domergue. Domergue était considéré comme le peintre de la Parisienne qu'il voyait avec un petit nez spirituel et un très long cou. Il avait galvaudé son talent et choisi la facilité. Aux Champs-Élysées, une galerie n'exposait que des copies de ses œuvres, en permanence.

À ma première séance de pose dans son atelier, Domergue me demanda de me déshabiller. Comme je lui précisais qu'il ne s'agissait que de mon visage, il me répondit qu'il avait besoin de tout voir pour en saisir l'essentiel. Il a dû se contenter de ce que je lui montrais, c'est-à-dire ce qu'il avait à peindre. Pendant que je posais, pourtant, il ne cessa de me raconter des histoires égrillardes qui me laissaient de marbre. Malgré ça, il a réussi un joli portrait, très ressemblant.

Un beau matin, je me suis aperçue que le tableau avait disparu du mur où il était accroché. C'est Sophrone qui l'avait vendu à mon insu pour éponger une dette de jeu.

Des années passèrent...

Un jour, Jeannot débarque en me tendant un paquet bien enveloppé.

— Qu'est-ce que c'est ?

— Une surprise !

J'aime les surprises. Je déballe fébrilement pour découvrir... mon portrait par Domergue ! Un ami l'avait repéré à une exposition, à Drouot, et signalé à Jeannot qui passait aussitôt un ordre d'achat au commissaire-priseur. Et c'est ainsi que j'ai récupéré un cadeau de mon premier mari, des mains du second !

MA CARRIÈRE AU THÉÂTRE

AU PETIT BONHEUR

La première pièce pour laquelle j'ai été engagée après la Libération, en 1945, c'est *Au petit bonheur*, de Marc-Gilbert Sauvajon. Marc-Gilbert Sauvajon et son épouse Lucienne formaient un couple particulièrement uni et qui, par la suite, m'est devenu très cher. Natif de Valence, Marc-Gilbert n'avait absolument pas la faconde des hommes du Midi. C'était un bon nounours, timide et doux, plutôt silencieux. En revanche Lucienne était une maîtresse femme. C'est elle qui, dans le couple, menait tout. L'esprit particulièrement caustique, sa réputation d'avoir la dent dure était parfaitement justifiée. Elle surnommait Odette Joyeux : Odieuse Joyette, et le scénariste Jacques Sigur : Sigur 00 00...

Mais elle savait aussi se montrer capable de la plus grande générosité. Ils ont été pour moi, tous les deux, en mes débuts de carrière, très bénéfiques. Quant à Marc-Gilbert, il fallait vraiment qu'il soit un saint pour ne pas m'en vouloir du manque de sérieux avec lequel j'avais tenu mon rôle d'aubergiste, dans sa pièce. Manque de sérieux est un euphémisme. Tous les soirs, avec Gérard Philipe, nous étions secoués de fous rires incontrôlables. Nous ne pouvions même plus nous regarder, et ça nous prenait toujours au même moment. Gérard était à table avec Odette Joyeux, et je leur lisais le menu. À la troisième représentation, je murmure tout bas à Gérard : « Ça fait trois fois que je te propose du bifteck… tu dois en avoir marre ! » Il a pouffé. Ça a recommencé le lendemain, et le surlendemain de plus belle, et comme la pièce s'est jouée pendant six mois !… Marc-Gilbert venait nous supplier de nous tenir. Pasquali, le metteur en scène, nous menaçait. Les ouvreuses nous rapportaient les plaintes des spectateurs scandalisés par notre mauvaise tenue. Des spectateurs, furieux, nous écrivaient des lettres incendiaires. Il y a même eu des articles dans les journaux…

« Ce que je reprocherais à Gérard Philipe, Odette Joyeux et Sophie Desmarets, ce sont des fous rires qui, sans raison perceptible, les secouent périodiquement. Entendons-nous bien : c'est nous qui sommes venus pour rire, pas eux, un peu de conscience professionnelle SVP », écrivait Jacques Berland dans *Concorde*.

Il avait raison, Jacques Berland. Mais c'était plus fort que nous ! Nous serions-nous pincés jusqu'au sang, que la vague du rire montait, irrépressible, et l'effort pour essayer de le contenir nous tordait les tripes. Même notre aîné, Jean Marchat, dont la réputation d'acteur sérieux n'était plus à faire, s'était laissé contaminer. Il traversait la scène pour aller se suicider en étouffant ses hoquets ! C'est lui qui fut le plus sévèrement tancé. Ce que l'on pouvait pardonner à la jeunesse innocente était inexcusable chez un quadragénaire chevronné comme lui.

LE SOLDAT ET LA SORCIÈRE

Armand Salacrou, après que j'eus obtenu mon Premier prix, m'avait promis de m'offrir un rôle dans sa prochaine pièce. Les auteurs qui promettent un rôle à une jeune comédienne, on connaît ça, et je n'en avais pas cru un mot. J'avais tort.

C'est au téléphone qu'Armand Salacrou m'annonça qu'il avait enfin terminé sa pièce. Est-ce que je voulais la lire ? Si je voulais ! Je dévorai le manuscrit. Le rôle était magnifique, le dialogue musclé, imagé, brillant. *Le Soldat et la sorcière*, « divertissement historique » qui racontait les amours tumultueuses du maréchal de Saxe avec la comédienne Justine Favart, devait se monter au Théâtre Sarah-Bernhardt, sous la direction de Charles Dullin.

Jusqu'à présent, mes apparitions au théâtre n'avaient constitué qu'en des galops d'essai. Avec ce rôle, j'entrais dans le métier par la grande porte. Je me rendais compte qu'à ce moment précis de ma carrière, encore débutante, cette proposition se présentait comme une chance inespérée, et que je ne pouvais pas la laisser passer.

À la première lecture sur la grande scène du théâtre,

le metteur en scène, mes partenaires Pierre Renoir le maréchal, et Daniel Lecourtois, Favart, mon mari, s'ingénièrent à me mettre en confiance, et le travail des répétitions se déroula sans problème. Il fallait toutefois que je chante une mélodie mise en musique par Francis Poulenc :

Lubin aime sa bergère
L'amour seul borne leurs vœux
Sur un trône de fougères
Le bonheur est avec eux.

Des grandeurs ils sont au faîte
Dans leurs innocents ébats
Ah, il n'est point de fête
Quand le cœur n'en est pas.

Pour ce qui est de pousser la note, ce n'est pas le domaine dans lequel je me sente le plus à l'aise. Ce léger handicap n'influença pas les critiques qui me firent un accueil auquel je ne pouvais pas m'attendre. Qui peut se rendre compte de l'effet produit sur une jeune comédienne par la lecture des lignes que lui consacrait un grand auteur tel que Crommelynck :

« Sophie Desmarets, adorable comédienne, non moins belle que jolie, forte et frêle, disant bien, prête à son modèle un talent sans défaut. Oui, tout en elle est sorcellerie », ou Léon Treich : « Sophie Desmarets que nous voyons pour la première fois et dont nous nous demandons avec stupeur pourquoi elle n'est pas encore au Français... », ou bien encore Gabriel Marcel : « Sophie Desmarets a rallié tous les suffrages » ?

Une mauvaise critique, c'est la goutte de poison qui vient polluer toutes les bonnes. Parmi ce concert de louanges unanimes, Kléber Haedens me jugeait sévèrement : « C'est encore du travail d'élève, d'une élève à la fois douée et prétentieuse qui, avant de jouer Madame Favart, veut jouer Sophie Desmarets. »

Qu'est-ce qu'il avait contre moi, Kléber Haedens ? Pourquoi lui seul, et pas les autres ? Quelle mauvaise foi ! Je m'insurgeais. Mais ça continuait à me travailler insidieusement. Si c'était lui qui avait raison ?

Roger Vadim faisait partie de la distribution, dans un rôle de figurant. Il était charmant, fin, artiste. Il m'emmenait entre la matinée et la soirée, le dimanche, boulevard Étienne-Marcel chez ses parents, qui nous bourraient de nourriture, avant que nous ne retournions travailler !

Vadim toussait, d'une vilaine petite toux, à laquelle il ne voulait pas prêter attention. Comme elle persistait, je l'ai conduit de force chez mon ancien amoureux de Pornic, Michel Beaumelaer, celui qui m'avait déclaré sur son bateau : « Je vous aime ! » Il était devenu médecin. Son diagnostic ne laissait aucun doute. Vadim était atteint de tuberculose. Il l'envoya se soigner pendant six mois au plateau d'Assy d'où il revint guéri.

Un jour en scène, au troisième acte, alors que je mettais tout mon cœur à déclamer des répliques très émouvantes qui précèdent la mort du maréchal, une odeur de beurre brûlé m'a titillé les narines. C'était simplement la souffleuse qui, dans son trou, se faisait frire un œuf au plat sur une bougie ! J'ai cru que Pierre Renoir, d'habitude difficile à désarçonner, allait mourir... mais de rire !

J'aimais beaucoup faire de la radio. Pendant les répétitions du *Soldat et la sorcière*, je participais encore plusieurs fois par semaine, le matin, à différents programmes. Dans l'un d'eux, j'eus l'occasion de connaître Pierre Brasseur qui me fit aussitôt une cour empressée. Il me proposa de m'emmener déjeuner un jour dans une brasserie proche du théâtre, afin que je ne sois pas en retard à ma répétition. Brasseur était un personnage hors du commun. Pendant ce déjeuner, il déploya tous ses charmes, il était drôle, inattendu, truculent, poète à ses moments. J'étais troublée, d'autant plus que mes relations avec Sophrone se dégradaient de plus en plus.

Le 5 décembre 1945, soir de la générale, on m'apporta de sa part un bouquet gigantesque et complètement fané, qui traînait dans la loge du concierge depuis trois jours. Brasseur s'était trompé de date !

Mais Brasseur était présent ce soir-là, et dans quel état ! À la fin du spectacle, il fit irruption sur scène, ivre mort, proférant des obscénités, en se précipitant sur moi, tout en ouvrant sa braguette… Charles Dullin s'interposa pour défendre ma vertu ! « Laissez cette petite tranquille ! »

Mais l'énergumène était déchaîné. Il se réfugiait sur une échelle de service, poursuivi par mon directeur qui l'en arrachait pour le jeter dehors.

Lorsqu'on m'engagea, deux ans plus tard, pour tourner *Rocambole* avec lui, je me suis dit que jamais il ne voudrait de moi pour partenaire. Je me trompais. Tout se passa fort bien. Jamais nous n'avons évoqué ce fâcheux souvenir. Il est vrai qu'il était tellement ivre ce soir-là, peut-être avait-il tout oublié.

Quand Paul Olivier a amené Raimu assister à une représentation du *Soldat et la sorcière*, j'étais émue. On considérait alors Raimu comme notre plus grand acteur, en tout cas le plus populaire. Ses compliments me touchèrent d'autant plus qu'il parlait sérieusement de me prendre pour partenaire dans *Le Grand Poucet*, une comédie de Claude-André Puget qu'il envisageait de jouer pour son retour au Boulevard, après son passage à la Comédie-Française. Hélas, ce beau projet ne vit jamais le jour, puisque, quelques mois plus tard, Raimu mourait brusquement.

Le soir où il est venu me voir, nous avons pris ensemble le métro pour aller souper au Fouquet's, et je me sentais toute fière d'être avec le grand Raimu que tout le monde reconnaissait. Pourquoi le métro ? C'était en 1945. Y avait-il encore rationnement d'essence ? Absence de taxis ? On a beaucoup dit que Raimu était radin, mais pas à ce point-là, tout de même !

COUP DE FOUDRE

Je suis donc arrivée à Venise un jour de janvier 1948. J'étais seule. Un visage connu m'attendait à la gare : le beau Michel Boisrond, qui était assistant de Jacques de Baroncelli. Sa présence m'a rassurée. Il m'a conduite jusqu'à l'hôtel de la Luna, où toute l'équipe du film habitait.

La ville était sous un mètre de neige. Une vision de Venise que je n'ai plus jamais retrouvée, et demeurée pour moi inoubliable.

Grâce à la présence française de tous ceux qui travaillaient à *Rocambole*, l'atmosphère de l'hôtel était bon enfant, presque familiale.

Jacques de Baroncelli descendait d'une famille qui tint une grande place dans l'histoire de Florence, où elle s'était établie dès la fin du XIIe siècle.

Peu après, les Baroncelli se divisèrent en deux branches, s'illustrant avec un lustre égal, l'une en Toscane, l'autre en Avignon.

La branche florentine est apparentée au pape Jules II, et dans l'église Santa Croce, l'imposante chapelle Baroncelli, à la beauté de laquelle Giotto ne fut pas le dernier à contribuer, témoigne de l'importance de cette famille.

À côté des Florentins, les Avignonnais ne comptaient pas moins de quatorze chevaliers de Malte, un grand prieur de Saint-Gilles, un page de la Dauphine, un Major des Gardes Françaises etc., etc.

L'inféodalité du fief de Javon, que leur accordait le pape Léon X, mettait les Baroncelli au rang des feudataires du Saint-Siège.

Le respect du droit d'aînesse leur permit de conserver longtemps intact leur patrimoine.

Le palais du Roure que l'on peut toujours admirer, sous le Palais des Papes, était encore une propriété familiale au début du XXe siècle.

Le frère de Jacques, Folco de Baroncelli-Javon, ami du poète Mistral, était une figure emblématique de la Camargue. Il consacra sa vie à la magnifier et à vivifier la langue d'oc. Aux Saintes-Marie-de-la-Mer, il existe un musée Baroncelli.

Je commençai à travailler dès le lendemain de mon arrivée à Venise.

Jacques de Baroncelli se montra tout de suite avec moi presque paternel. Chaque jour, le tournage quotidien se terminait tard. Nous dînions à l'hôtel où mon metteur en scène m'invitait à sa table. Pierre Brasseur était là, avec sa compagne, la pianiste Lina Magrini. Il buvait beaucoup de thé. Le whisky prend facilement la couleur du thé ! Mais de tout notre séjour, je ne l'ai jamais revu ivre, et nous nous sommes très bien entendus.

« Baron », lui aussi grand amateur de femmes, était flanqué de sa petite amie du moment, Ginette Roy, qu'il avait d'ailleurs distribuée dans le film. Il avait laissé à Paris sa maîtresse officielle, elle-même tenue de remplir ses devoirs de présence, auprès de son époux, Henri Massis, membre de l'Académie française. Baron avait beau tromper allégrement Germaine Massis, il était très jaloux d'elle. Pour s'assurer qu'elle ne lui mentait pas, un soir qu'elle lui avait dit se rendre à l'Opéra avec son mari, il s'était déguisé en mendiant, et posté devant le théâtre. On raconte même qu'il avait ouvert la portière de leur taxi pour se voir gratifier d'un pourboire du couple qui ne l'avait pas reconnu ! Mais, pour la minute, c'était Ginette, moins représentative mais sûrement plus rigolote, qui égayait le séjour vénitien du metteur en scène.

Baron avait une passion pour son fils. C'est l'humeur particulièrement joyeuse qu'il nous annonça qu'il attendait sa visite. Jean devait arriver le soir même, et passer quelques jours avec son père.

Nous étions en train de prendre un verre dans le salon du metteur en scène, avant de passer à table, quand la porte s'est ouverte. C'était Jean de Baroncelli. Et je me suis dit : « Il n'est pas mal, le fils du metteur en scène ! »

Ça voulait dire que je le trouvais très bien. Le sourire charmeur, l'œil frisant d'humour, j'ai tout de suite compris que je ne lui déplaisais pas non plus. Il était un dandy, sans aucun souci de l'être, et le plus naturellement du monde. Décontracté, sans affectation aucune, vif d'esprit et nonchalant dans ses mouvements, à la fois simple et gâté, il a toujours conservé en lui des lambeaux d'adolescence qui contredisaient son âge. Il avait trente-quatre ans, et moi, dix de moins. Et pour la première fois je ressentais un sentiment jusqu'alors inconnu. Ce devait être ça, le coup de foudre ? Pas de doute, j'étais amoureuse.

Très vite, lui et moi, nous avons sympathisé. Nous riions un peu sottement pour rien, comme pour éviter que les paroles ne nous trahissent. Nous jouions même à un jeu aussi innocent que les jonchets, avec les cure-dents, toujours posés sur les tables de restaurant, en Italie.

Baron s'attendrissait. « Comme mon fils est gentil ! Il reste quelques jours de plus, pour me tenir compagnie ! »

C'était surtout pour moi, qu'il restait ! D'une feinte camaraderie, nos rapports étaient devenus franchement plus tendres. J'ai découvert avec Jeannot la griserie des promenades en gondole et des baisers sous le pont des Soupirs ! Il nous fallut bien quinze jours pour devenir amants. J'ai vécu là des moments d'indicible bonheur. Chaque matin se levait pour moi avec la promesse d'une journée radieuse. Je ne spéculais pas sur l'avenir. Je ne voulais même pas savoir ce qu'il me réservait. Je jouissais pleinement du moment présent. Ce qui est sûr, c'est que, jamais, je n'avais été aussi heureuse. Jeannot a encore prolongé de deux semaines son séjour vénitien, et il est reparti pour Paris.

En avril, après le bouclage final de *Rocambole* et de *La Revanche de Baccarat*, je n'avais qu'une hâte : rentrer à Paris.

Jeannot avait décidé de venir au-devant de moi, mais il ne voulait pas que son père le sache. Baron m'aimait bien comme actrice, dans ses films. Mais il ne me souhaitait certainement pas comme bru. Il avait d'autres ambitions pour son fils que la petite Desmarets. Jeannot m'a d'ailleurs désigné à plusieurs reprises de riches héritières auxquelles il songeait pour lui. Que je couche avec son fils, d'accord. Mais il ne fallait surtout pas que les choses aillent plus loin. Or, elles avaient l'air d'aller plus loin, et c'est pour ça que nous nous étions donné ce rendez-vous secret à Milan. Je revois la chambre d'hôtel de nos retrouvailles comme si c'était hier. J'en ai conservé la clef. Je l'ai toujours. Et quand je la serre dans ma main, je ressens le même frisson.

Nous avons pris le train du retour pour Paris, et ma vie d'adultère a commencé. J'ai tout de suite dit à Sophrone que les choses n'allaient plus pouvoir continuer entre nous comme avant, et que j'avais l'intention de divorcer. Il m'a répondu en haussant les épaules : « Ça te passera ! » Il semblait s'être légèrement stabilisé, et il travaillait dans la publicité. Mon détachement stimulait son ardeur amoureuse. Je le supportais de plus en plus mal. Jeannot et moi, nous nous cachions pour nous rencontrer.

Nous sommes partis pour une dizaine de jours aux sports d'hiver, à Serre-Chevalier. Nous étions descendus dans un petit hôtel charmant, à Villeneuve-la-Salle où nous partagions déjà équitablement les frais. Je ne voulais pas que ses parents croient que je courais après son argent ! Il en a d'ailleurs toujours été ainsi. Nous avons toujours tout payé moitié-moitié.

Chaque jour, vers six heures du soir, nous étions un peu inquiets, c'était l'horaire du train qui venait de Paris, et nous appréhendions que Sophrone ne débarque à l'improviste pour faire du grabuge. Sa jalousie s'était aggravée, et c'était ma première escapade avec Jeannot. Ce que je n'avais d'ailleurs pas caché à mon mari. J'espérais seulement que ça se passerait en douceur.

C'est là que nous avons fait la connaissance de Gaston Bergery. Éminente personnalité, grand avocat, Gaston Bergery avait misé sur le mauvais cheval en acceptant d'être l'ambassadeur de Pétain en Turquie. Acquitté, il essayait de redorer un blason quelque peu terni, et il n'y parvint jamais tout à fait. Mais il ne manquait ni de soutien ni d'amis, et il s'imposait par sa supériorité d'esprit. Jeannot, dans sa jeunesse estudiantine, avait été le lecteur enthousiaste de Bergery, fondateur du journal *La Flèche*. Mais ils ne se connaissaient pas.

Or ce monsieur, auprès duquel nous nous trouvions attablés dans un restaurant de montagne, se permettait de nous donner une leçon de bonne tenue, sous prétexte que nous nous embrassions à pleine bouche dans le téléférique ! Je ne manquai pas de le rembarrer avec ma brutalité coutumière. De quoi se mêlait-il ? « Vous n'avez donc jamais été amoureux ? » Si, il l'avait été, plus souvent qu'à son tour. Et il allait continuer de l'être encore. Après quoi, on en vint, non pas aux mains, mais aux présentations. Jeannot n'en revenait pas. C'était Gaston Bergery ! Alors, on ne se quitta plus. Les années suivantes, nous nous retrouvions régulièrement aux sports d'hiver. Mais là où le destin s'amuse, c'est que par des voies totalement étrangères à cette amitié entre leurs parents, dont ni l'un ni l'autre ne pouvaient se douter, ma fille Catherine et son fils Jean-François se rencontrèrent, s'aimèrent, se marièrent.

Mais Sophrone ne me rendait pas la vie facile. Celui-ci ne voulait pas me lâcher. Et si ma liaison avec Jeannot s'affermissait, ce dernier ne se déclarait pas pour autant. Un jour, où mon mari s'était montré particulièrement odieux, Jeannot me proposa enfin, sans enthousiasme excessif, de venir m'installer chez lui, place Dauphine. C'était déjà un célibataire endurci !

Sophrone ne continuait pas moins de nous harceler. Un jour, Jeannot et lui se donnèrent rendez-vous aux Tuileries pour un combat à mains nues ! Le soir, nous nous sommes croisés, au Théâtre des Champs-Élysées, pour la première du film *La Chartreuse de Parme*. J'étais au bras de Jeannot. Il avait un œil au beurre noir, et Sophrone, la lèvre fendue… Ils échangèrent des regards de haine. C'était grotesque. Je n'avais vraiment rien d'une femme fatale pour laquelle deux rivaux s'entre-tuent. Conscients du ridicule, car l'un comme l'autre ils ne manquaient pas d'humour, ils s'entendirent tacitement pour déclarer l'armistice. Sophrone savait bien qu'il m'avait définitivement perdue. Seul son orgueil était blessé. Me sentant, malgré tout, quelque peu fautive, je fis tout pour l'épargner. Et les choses se tassèrent. Plus tard, Jeannot et Sophrone sympathiseront, même.

Pour le moment, je vivais toujours « dans le péché ».

Mes copains, André Col et Tony Meyer, n'arrêtaient pas de me demander : « Alors, quand est-ce qu'il t'épouse ? Tu n'es pas faite pour vivre comme ça ! » Non, je n'étais pas faite pour vivre comme ça ! Cela allait faire trois ans que nous étions ensemble. Alors un jour, c'est moi qui ai brusqué les choses. J'ai posé la question à Jeannot : « Est-ce que tu m'épouses ? » et il m'a fait cette réponse incroyable : « Oui. À condition que ce soit toi qui t'occupes des papiers ! »

Je n'étais pas fière. Je m'en suis occupée ! La Préfecture n'était pas loin de la place Dauphine. Tout s'est arrangé très facilement.

Le 19 octobre 1950, à la mairie du Ier arrondissement, le comte Jean de Baroncelli-Javon, romancier, épousait Sophie Desmarets, comédienne.

J'avais pour témoin mon impresario Paul Olivier, et Jeannot, Tony Meyer.

Il n'y a pas eu de cérémonie religieuse, puisque j'avais commis la bêtise d'obliger Sophrone à se faire baptiser ! Nous sommes quand même passés à l'église, pour une petite prière informelle, et ensuite, nous avons déjeuné tous les quatre chez Maxim's.

Le soir, j'allai jouer, comme tous les soirs, au Théâtre Saint-Georges, *Une femme libre*, heureuse de ne plus l'être.

Trois mois plus tard, alors que nous étions aux sports d'hiver avec Gaston, nous apprenions la mort subite de Baron.

Accompagnés des fidèles René et Bronia Clair, nous sommes descendus jusqu'en Avignon pour l'y enterrer.

Après cela, nous avons quitté le petit appartement de la place Dauphine pour emménager dans celui, beaucoup plus vaste, que laissait mon beau-père, avenue Mac-Mahon, où j'avais fait sa connaissance.

J'avais été heureuse, dans l'île de la Cité. Une grande verrière s'ouvrait sur la Seine, d'où l'on voyait, le soir, les lumières de la Samaritaine se refléter dans ses eaux moirées. C'était un cadre poétique, un nid intime, propice aux amoureux.

Mais maintenant, nous formions un couple responsable. Du titre de comte, Jeannot récupérait celui de marquis que son père lui passait. Et moi, j'étais marquise ! La marquise de Baroncelli ! Pas plus Jeannot que moi, ne nous en sommes prévalus. Quand il arrivait que, croyant nous faire plaisir, on nous l'attribuât, cela nous embarrassait. Nous trouvions même ça idiot ! Mais il existe encore des gens que ça impressionne, un titre !

Avenue Mac-Mahon, j'allais pouvoir récupérer ma Catherine, Mimi, et il y avait toute la place pour agrandir la famille, comme nous en avions bien l'intention, Jeannot et moi.

En avril 1952 est née Caroline.

Nous n'avons jamais quitté l'avenue Mac-Mahon.

J'y suis toujours.

LE PRINCE D'AQUITAINE

À peine rentrée de Venise après un séjour de trois mois, pendant lesquels j'avais tourné deux films, perdu mon père, et rencontré l'homme de ma vie, je rentrai à Paris le 5 avril 1947 pour commencer immédiatement les répétitions du *Prince d'Aquitaine*.

Un four noir qui n'eut même pas le mérite d'être sifflé comme le sera *Le Sabre de mon père*. Après *Le Soldat et la sorcière*, je tombais de haut ! Je crois me rappeler que le rôle était beau, mais que valait la pièce ? Elle était signée de Marcel Thiebaut, un homme charmant, un esprit distingué, dilettante, dont on ne trouve guère la trace dans les anthologies.

Pourtant la pièce avait été reçue à la Michodière, temple de la comédie bourgeoise du meilleur aloi, dont Yvonne Printemps et Pierre Fresnay tenaient les rênes. C'est ce dernier qui devait assurer la mise en scène. On ne le vit jamais. Il tournait *Monsieur Vincent*, et jouait le soir. Alors on se débrouillait comme on pouvait, entre nous. Je me retrouvais avec Daniel Lecourtois, mon partenaire du *Soldat et la sorcière*, un garçon très sympathique, mais, en l'occurrence, une totale erreur de distribution.

Un après-midi que nous étions en train d'essayer de répéter, Yvonne Printemps fit une entrée fracassante dans la salle. Suivie d'un jeune homme, elle avait attaché à son poignet une dizaine de ballons de toutes les couleurs que son sigisbée lui avait offerts en traversant les Tuileries ! Elle les agitait en s'amusant comme une petite folle. Elle avait pourtant passé l'âge de jouer au ballon...

Quelques jours après la générale, j'ai rencontré Clouzot qui ne mâchait pas ses mots. Il m'avait trouvée très mauvaise, et la pièce, minable.

Ce sont les seuls souvenirs que *Le Prince d'Aquitaine* me rappelle...

UNE FEMME LIBRE

Après *Le Soldat et la sorcière*, Armand Salacrou m'offrit de reprendre chez ma chère Mary Morgan, au Saint-Georges, *Une femme libre* qui avait été créée au Théâtre de l'Œuvre, en 1934, par Alice Cocéa, une des actrices dominantes de la scène parisienne de l'époque. Je n'aimais pas du tout la pièce, je me considérais aux antipodes du personnage, mais je pensais que c'était une grande chance, au début de ma carrière, d'aborder un emploi dans un registre différent de ceux dans lesquels on semblait vouloir m'enfermer.

L'un des deux hommes entre lesquels l'intrigue me faisait hésiter, c'était l'exquis Jacques Dumesnil qui reprit son rôle, avec quinze ans de plus, mais il n'y paraissait pas. En revanche, il fallait trouver un remplaçant à Claude Dauphin, qui avait incarné son frère. C'est moi qui suggérai Yves Robert, un jeune comédien, rempli d'humour et de fantaisie, qui se produisait dans les petits spectacles de *La Rose rouge*, où courait le Tout-Paris branché pour applaudir les Frères Jacques dont j'étais une admiratrice inconditionnelle.

Un soir, j'y entraînai Armand Salacrou pour qu'il se

fasse une opinion sur Yves. Il fut conquis. Les deux hommes, que rapprochaient leurs engagements à gauche, se lièrent d'amitié et Yves, par la suite, fut souvent encore l'interprète de Salacrou.

J'ai relu récemment *Une femme libre* dont il ne me restait qu'un souvenir très vague, bien que je l'aie jouée pendant des mois. La reprise avait été un succès, et devait tenir toute une saison. Mais j'étais moi-même entre deux hommes à ce moment-là, en train de me séparer de Sophrone, et très amoureuse de Jeannot. Et mon problème personnel devait compter davantage pour moi que celui de Lucie Blondel, l'héroïne de Salacrou. En reprenant le texte, j'ai retrouvé la dernière phrase que me lançait Yves Robert, avant le baisser du rideau : « Vous avez voulu être libre ? Eh bien ! Payez votre liberté ! »

Cette réplique devait provoquer chez moi un torrent de larmes, selon les indications de l'auteur.

Je n'y avais jamais pensé, mais ma situation dans la vie n'était pas si éloignée de celle de mon personnage – à cette différence près que, si je cherchais à recouvrer ma liberté, c'était pour mieux m'enchaîner.

AMI-AMI

En 1950, deux jeunes auteurs faisaient des débuts éclatants avec *Le Don d'Adèle*, une comédie hilarante, unanimement saluée par la critique, et qui fit courir tout Paris. Barillet et Grédy me proposaient presque aussitôt leur seconde pièce, *Ami-Ami.* Le personnage, une exubérante qui régentait la vie des autres, ne me tentait guère. C'était exactement le genre de bonne femme que je fuis ! Mais le rôle était beau, et la comédie une satire très réussie de la jeune société bourgeoise de l'après-guerre. Je donnai donc mon accord, mais je refusai d'aller jouer au Théâtre Montparnasse où il était question que la pièce soit montée.

La directrice, Marguerite Jamois, grande actrice, mais austère comme une prêtresse de Lesbos, faisait régner sur son théâtre un ordre quasi monacal. Elle allait jusqu'à faire l'inspection des bistrots de la rue de la Gaîté, pour s'assurer que ses pensionnaires n'étaient pas en train de s'encanailler. Je n'avais nullement l'intention d'entrer dans ce couvent-là !

Comme ils tenaient à moi, les auteurs reprirent leur manuscrit et le portèrent au Théâtre Daunou. Autour de moi, le metteur en scène Jean Wall avait réuni une distribution brillante et inattendue : Odile Versois, Jacques Dacqmine, transfuge de la Comédie-Française, Gérard Séty, un fantaisiste qui faisait les beaux soirs des cabarets, Simone Paris, piquante, drôle et sympathique, qui portait bien son nom. Pierre Balmain, acceptait avec enthousiasme de nous habiller. Georges Wakhevitch concevait le plus élégant décor meublé « anglais ». Bref, tout se présentait pour le mieux.

Nous devions passer un peu avant les fêtes de fin d'année. La location était déjà ouverte. Et puis un accident inattendu vint perturber ce beau projet. Je me découvrais enceinte, et ça n'avait pas l'air de se présenter très bien. Jeannot, impatient de devenir père, voulait que j'interrompe les répétitions. Médicalement, j'en avais le droit, mais j'hésitais à mettre la production dans un tel embarras. J'allai consulter des spécialistes dont les avis ne s'accordaient pas. Au théâtre, l'inquiétude montait. La date de la première se rapprochait...

Je nous revois, un jour, en délégation, les auteurs, le producteur, le metteur en scène qui m'accompagnaient tous comme des futurs pères anxieux, chez le gynécologue où l'on devait procéder à un test sur une lapine. Le résultat établissait que je n'étais pas enceinte. Notre petite équipe applaudissait à cette conclusion heureuse pour l'avenir de *Ami-Ami*. L'optimisme, hélas, retomba vite... Ces choses-là n'arrivent qu'à moi : la lapine s'était trompée ! Et je faisais une grossesse extra-utérine. J'abandonnai donc la pièce sans même l'espoir de donner un enfant à mon mari qui le souhaitait tant, et je laissai le théâtre dans un embarras extrême.

Les jeunes auteurs, à l'orée de leur carrière, se désespéraient. Jean Wall put persuader Maria Mauban, une belle et brillante comédienne, de reprendre les répétitions au pied levé. « C'est la seule à ma connaissance, disait-il, qui ait assez de talent et de mémoire pour apprendre un tel rôle en une semaine ! » Pour mieux s'immerger dans son texte copieux, elle habita le théâtre.

Contredisant Barillet et Grédy, persuadés que j'étais seule à pouvoir défendre leur pièce, elle obtint, sans moi, le succès que j'avais prédit.

Mais l'effort considérable qu'avait fourni Maria Mauban qui s'affirmait dans *Ami-Ami* comme une comédienne versatile d'une grande envergure, elle devait le payer quelques jours plus tard, en tombant complètement aphone. Or, moi, après mes déboires, j'étais rétablie, et toujours en possession du rôle que j'avais répété pendant plusieurs semaines. Je proposai donc, spontanément, d'être la doublure de Maria, le temps qu'elle se rétablisse, à condition que l'on acceptât que je joue, la brochure en main. Et c'est ainsi que moi, la traqueuse, j'ai quand même joué la pièce trois ou quatre fois, sans même avoir recours au texte encore tout frais dans ma mémoire ! Cela amusa les journalistes. On en parla dans la presse, ce qui ne fit que renforcer le succès de *Ami-Ami* auquel je me flattai d'avoir, en fin de compte, un tout petit peu contribué.

La pièce se joua si longtemps que, pendant la durée des représentations, Odile Versois et Jacques Dacqmine eurent le temps de se fiancer, de se marier… et de divorcer !

NINOTCHKA

Je venais de m'installer place Dauphine, chez Jean de Baroncelli. C'est lui qui m'avait appris à conduire, quand nous séjournions à Mougins, chez mon futur beau-père. L'envie d'apprendre m'était venue du fait que je crevais de peur quand Jeannot était au volant. Il ne regardait pas devant lui ! Conduire ne l'intéressait pas. La voiture ne lui servait qu'à draguer les filles. D'où sa préférence pour les cabriolets découverts, les Porsche. Il s'exclamait : « Oh ! regarde la grande blonde qui traverse... elle a des jambes superbes ! » et, à plusieurs reprises, nous avons frôlé l'accident. Comme les grandes blondes, pas plus que les petites brunes, ne m'intéressaient au point de risquer ma vie, je jugeai opportun d'acquérir mon autonomie de conductrice. Ce qui arrangea mon mari, dont je devins pratiquement le chauffeur. C'est toujours moi qui tenais le volant sur les grandes distances. Les longs trajets ennuyaient tant Jeannot qu'il lui arriva de descendre en avion dans le Midi, tandis que je véhiculais seule sa voiture. Au cours d'un de ces voyages, l'essuie-glace de la Porsche s'était déclenché à Fontainebleau, sans que je parvienne à l'arrêter jusqu'à mon arrivée à Montpellier. J'ai été secouée de tics pendant trois jours !

Avant que je n'acquière ma propre voiture, Jeannot m'avait prêté la sienne pour me rendre au Gymnase, où je jouais *Ninotchka,* et c'est la première fois que j'ai pris toute seule le volant...

Je suis passée par le faubourg Saint-Antoine qui n'était pas en sens unique à l'époque. Il y a des détails dont on se souvient, un demi-siècle plus tard, allez savoir pourquoi.

À l'origine, Lubitsch avait tiré son film *Ninotchka* d'une pièce hongroise, habilement adaptée pour la scène française par Marc-Gilbert Sauvajon.

Nous l'avons jouée pendant trois mois, et ce fut un honorable succès. Évidemment, je ne ressemblais pas à Garbo ! Mais le rôle pouvait être appréhendé de différentes façons. Ce personnage de femme scout me convenait très bien. J'en avais les brusqueries, et je m'efforçais de contrôler les modulations de ma voix pour m'exprimer d'une façon plus drue.

Ce qui a le plus manqué à cette entreprise, c'est le génie de Lubitsch.

C'est vers cette époque qu'Henry Bernstein prit contact avec moi. Il voulait que je sois l'interprète de sa dernière pièce *Évangéline.* Plus que le personnage et la pièce qu'il me proposait, c'est l'homme qui me séduisit. Je n'étais pas la seule, Jeannot tomba aussi sous son charme. Solitaire, il était comme un grand lion déchu, retiré dans son antre, au cœur de Paris sur lequel il avait longtemps régné, et refusant d'abdiquer. Il nous invitait tous les deux à dîner dans l'appartement qu'il s'était aménagé dans son Théâtre des Ambassadeurs. Il faisait livrer le repas de chez Maxim's, et nous passions des soirées à trois où il se montrait étourdissant d'intelligence, intarissable d'anecdotes, passionné, convaincant.

Je n'ai pas pu jouer *Évangéline* pour la bonne raison que j'étais enceinte de Caroline.

C'est Danielle Darrieux qui a prêté sa grâce candide à la perversité de la dernière héroïne de Bernstein, qui est mort un an plus tard, peut-être un peu parce que Paris ne l'aimait plus. Rejeté, moqué par des critiques dont les noms déjà oubliés ont résisté moins longtemps que celui contre lequel ils s'acharnaient, Bernstein a connu le purgatoire jusqu'à se voir expulsé des pages du Larousse. Mais ce grand dramaturge refait périodiquement surface, et toujours avec succès. Alain Resnais a tiré un beau film de son *Mélo*, et son *Elvire* a fait salle comble à Marigny, la saison dernière.

LE SABRE DE MON PÈRE

J'ai adoré cette pièce. Est-ce parce que je ne l'ai pas jouée longtemps ? Certainement pas. Nous avons tenu difficilement un mois. J'avais été séduite dès sa lecture par l'humour surréaliste de cette comédie de Roger Vitrac, auteur d'avant-garde, que Pierre Dux me proposait de jouer avec lui et sous sa direction au Théâtre de Paris au début de l'année 1951. J'ai beaucoup aimé Pierre Dux. Pourtant, l'homme n'était pas vraiment sympathique. Parfois, il m'horripilait. Mais il a tout de suite fait confiance à la comédienne en moi, et il m'a bien fait travailler. Dans l'épreuve du four comme dans celle du succès, Pierre Dux s'est montré un partenaire exemplaire, dénué de tout cabotinage. C'était un réel plaisir de jouer avec lui. Et d'une représentation sur l'autre, il ne cessait de s'améliorer, tout en valorisant ses partenaires. Je lui dois beaucoup.

Le Sabre de mon père a été très mal accueilli, dès le soir de la répétition générale. J'interprétais le rôle d'une bourgeoise de province un peu oppressée, qui recevait Diane Condé, une sociétaire de la Comédie-Française. Au cours d'une soirée donnée dans mon salon, après que l'actrice eut déclamé quelques vers, deux invités en frac, incarnés par les inénarrables Noël Roquevert et Hubert Deschamps (des seconds rôles aussi populaires que des vedettes), sortaient dans le jardin pour aller pisser. Ils déboutonnaient leurs braguettes au pied d'une statue de la Vierge, tout en devisant : « " Amants, heureux amants ", comme elle a dit ça ! c'était adorable ! Et son fameux : " Poète, prends ton luth et me donne un baiser… " Était-ce divin ? Dis donc, sais-tu que le maire voulait lui baiser les pieds sur le perron du théâtre, après la représentation… ce vieux saligaud ! » Alors dans la salle, les sifflets se sont déchaînés.

Au dernier rideau, on est venu m'apporter une gerbe d'œillets envoyée par le grand modiste Jean Barthet. Pierre Dux s'est décomposé, il m'a arraché le bouquet des mains pour aller le jeter en coulisses, en maugréant :

— Quel est le fou qui vous envoie des œillets ? Ça va nous porter malheur !

Mais comme le public n'avait pas attendu de voir les œillets pour nous huer, et qu'il continuait, je lui ai dit :

— Vous voyez bien que ce ne sont pas les œillets !

Et j'ai engueulé les spectateurs :

— Bande d'andouilles ! Comment osez-vous siffler une aussi belle pièce ? C'est honteux !

Pierre Dux a pris peur.

— Calmez-vous, calmez-vous ! me suppliait-il.

Le soir de la dernière, nous sommes allés rendre visite à Vitrac. Il habitait au dernier étage d'un immeuble, rue du Faubourg-Saint-Honoré, en face de l'Élysée. Nous avons trouvé Jean Anouilh, qui l'admirait beaucoup, installé à son chevet. Atteint d'hémiplégie, Vitrac était couché, très triste, très désespéré, même. Nous lui avons dit que le public avait très bien réagi, et qu'en dépit de la critique, sa pièce remportait un gros succès. Il n'en avait guère connu. La reconnaissance de son talent devait venir après. Sa vie privée comme sa carrière littéraire se résumaient à une série d'échecs et de ruptures. Il s'est éteint cinq ou six jours plus tard. Il avait cinquante-deux ans.

S'il est une pièce que je suis fière d'avoir interprétée, c'est bien *Le Sabre de mon père*.

HÉLÈNE OU LA JOIE DE VIVRE

Je venais d'accoucher de Caroline, en avril 1952, quand André Roussin m'a téléphoné. « J'ai écrit une pièce pour Edwige Feuillère. Elle ne veut pas la jouer. Je pense que le rôle vous irait très bien ! » J'étais flattée. Je ne me crois jamais capable de faire aussi bien que les comédiens que j'admire. Et pour ce qui était du talent et du professionnalisme, on pouvait difficilement trouver mieux que Feuillère.

Roussin m'avait déjà demandé de créer *La Petite Hutte*, la pièce qui devait le conduire à la célébrité presque immédiate. Le rôle était magnifique, mais j'ai dû le refuser car j'allais commencer à tourner *Le Roi*. C'est Suzanne Flon qui en a hérité, et il lui a porté chance. C'est drôle, car nous avons des natures très différentes, Suzanne et moi, et au début de nos carrières, on nous a souvent proposé les mêmes rôles. Mais des emplois légers dans lesquels je me suis cantonnée, Suzanne est vite passée à un registre plus sérieux.

Roussin a tenu à me lire *Hélène ou la joie de vivre* lui-même. Il avait raison, car il lisait formidablement bien. Nous étions installés dans la bibliothèque de

Jeannot, j'écoutais, je riais, j'étais ravie. Roussin guettait mes réactions qui ne pouvaient que l'encourager. Le rôle était long et bavard, mais il a si bien su me le vendre que j'ai dit oui tout de suite, et nous nous sommes retrouvés quelques jours après sur le plateau de la Madeleine, en pays de connaissance, puisque Pierre Dux était mon partenaire, et que, de surcroît, il assurait la mise en scène.

Au cours des répétitions, Dédé Roussin s'est résigné à de nombreuses coupures. J'entends encore Pierre Dux dire à son auteur : « Tu écris comme on fait la lessive. Tu prends une phrase, tu la tords, tu en ressors tout, tu la retrempes, et tu recommences ! »

La pièce a été un triomphe et je l'ai jouée pendant trois ans de suite, à Paris, et au cours de deux tournées successives. Pourtant, plus je fréquentais mon personnage, et moins je l'aimais. J'avais même fini par détester cette bonne femme. Je ne comprenais pas qu'elle parte avec Pâris. Je préférais de beaucoup Ménélas.

Je portais une robe très décolletée, et, au début, le trac me provoquait des plaques rouges sur le dos, sur les bras, sur toutes les parties de mon corps qui se montraient à nu. Je suis allée voir un médecin dont le diagnostic s'est avéré plutôt décevant. « Ce sont des rougeurs pudiques. Il n'y a rien à faire ! » a-t-il décrété. Alors je me couvrais de poudre, comme une sole que l'on farine pour la mettre à la friture.

Au Théâtre du Parc, à Bruxelles, où nous avons créé la pièce avant Paris, le soir de la première, j'ai heurté un portant. Mon imposante perruque, un chignon à la grecque, en forme de cône, a basculé en avant, et c'est comme ça que je suis apparue au public. J'essayais vainement de la redresser, sous le regard effaré de Pierre Dux.

Durant toutes les représentations, Louis Ducreux m'a martyrisée. Il m'a tout de suite prise en grippe. Et c'était réciproque. J'attendais pour faire mon entrée, en coulisses, je priais : « Bonne sainte Vierge, faites que j'aie toute ma mémoire et que je ne bafouille pas... » et Loulou Ducreux, qui portait une petite jupe très courte, me narguait chaque soir :

Je suis Étonéus
Le portier du palais
Voyez mon anus
Je vous jure qu'il n'est pas laid

J'avais beau le supplier : « Non, non, Loulou, pas ce soir ! », rien à faire pour l'en empêcher.

Il se plantait devant moi :

...Voyez mon anus
Je vous jure qu'il n'est pas laid...

Il soulevait sa jupette pour me montrer son derrière, et il entrait en scène.

Au bout de deux ans de représentations à Paris, j'en ai eu assez et je suis partie pour le Brésil. Pierre Dux m'a alors confié que j'allais lui manquer. Je n'ai pas voulu comprendre à quel point. Il était marié avec Francine que j'aimais beaucoup. Et moi, je n'étais pas encore prête à faire des mistoufles à Jeannot.

C'est France Delahalle qui m'a remplacée dans le rôle d'Hélène.

Mais, au retour, j'ai repris du service en tournée, pour encore une année. Dans l'autocar, je me suis aperçue que j'avais une touche avec le chauffeur, qui était plutôt joli garçon. Alors, je lui faisais du charme, rien que pour embêter Pierre et Loulou qui étaient devenus inséparables. Un jour Ducreux m'a dit : « Vous aimez les amours ancillaires ! »

Pendant que je jouais Hélène, un club belge m'adressait régulièrement au théâtre des lettres porno.

UNE FEMME TROP HONNÊTE

Habituée aux bonnes critiques, j'ai été quelque peu déconcertée par celle, très mauvaise, que me réservait Robert Kemp dans *Le Monde*. Il ne me ménageait pas ! Était-ce une erreur de distribution ? Étais-je mal dirigée ? En prenant un peu de recul, force m'a été de convenir que Robert Kemp n'avait pas complètement tort. Pourtant, j'aimais la pièce de Salacrou. Il l'avait écrite pour moi, et c'était la troisième œuvre de cet auteur dont j'allais être l'interprète en 1956. Le sujet, peut-être trop paradoxal, racontait l'histoire d'une femme qui trompait son mari et qui, par estime pour lui, se préférait veuve, plutôt que l'épouse d'un cocu.

La première réplique, au lever du rideau, c'est Alfred Adam, dans le rôle de mon mari, qui me la posait : « À quoi penses-tu ? » Et je lui répondais : « À ta mort, mon chéri ! »

Après la centième, j'ai quitté la pièce (comme cela était convenu à l'origine) pour aller tourner un film, on m'a facilement remplacée, mais quelque chose déroutait le public dans cette comédie, un peu boiteuse, malgré des saillies percutantes. Sa carrière, au Théâtre

Édouard-VII, n'a pas survécu longtemps après mon départ.

Avec *Une femme trop honnête* prenait fin ma collaboration avec Armand Salacrou. Il m'a bien proposé d'être encore son interprète. Soit je n'étais pas libre, soit je trouvais une excuse pour me défiler. Malgré son très grand talent, il y avait quelque chose d'incomplet dans ses dernières comédies qui ne tournaient pas vraiment rond. Je ne pense d'ailleurs pas que j'étais faite pour jouer son théâtre. De toutes ses pièces, la plus réussie à mon sens, *Histoire de rire*, est celle dont le rôle m'eût le mieux convenu. Il ne m'a jamais été proposé. Au théâtre, plus souvent qu'ailleurs, il y a des rendez-vous manqués.

Salacrou venait souvent me chercher après le spectacle pour m'emmener souper. Il était amoureux de moi. Je crois qu'il l'était déjà quand il m'a proposé *Le Soldat et la sorcière*. Sinon, comment expliquer qu'il ait offert ce premier grand rôle à la débutante que j'étais ?

Sophrone n'avait-il pas clamé partout : « Merdre ! Ma femme a un Armand ! » ?

Salacrou m'impressionnait, je l'admirais, j'étais flattée, mais s'il me séduisait par son intelligence, je n'éprouvais physiquement aucune attirance pour lui. Il était chauve, je le trouvais vieux (il n'avait pourtant que la cinquantaine !)

Il ne m'a jamais fait d'avances déplacées. Il n'a même pas essayé de m'embrasser.

Il parlait, parlait, parlait… surtout de lui, bien sûr, mais si brillamment ! C'était un homme passionné. Il avait été fou d'une chanteuse qui s'accompagnait à l'accordéon, Line Viala. Je me souvenais d'elle, car elle avait été la reine des Six Jours !

Grand créateur en publicité, ses slogans, devaient – plus que ses pièces – faire sa fortune. Qui ne se souvient de « La mort parfumée des poux ! » que Salacrou inventa et qui fit le succès de l'insecticide « La Marie Rose » ?

Il avait fait d'abord sa médecine, vite abandonnée pour la philosophie de l'art, et débuté dans le journalisme à *L'Humanité* avant de se consacrer complètement au théâtre. Il habitait avenue Foch un somptueux appartement dont les murs étaient couverts de toiles de Modigliani, Miró, Dubuffet... Il vivait comme un grand bourgeois. Je l'asticotais : « Comment pouvez-vous être communiste ? » Il me répondait : « C'est ma nature profonde ! »

Il pouvait se montrer injuste, rancunier, de mauvaise foi, jaloux. Il haïssait Anouilh. Je lui disais qu'Anouilh était un plus grand auteur que lui. Je le pense d'ailleurs. Mais ça le rendait fou ! Nous nous engueulions tout le temps. Et nous nous aimions beaucoup.

LA JUMENT DU ROI

Monté au Théâtre de Paris où j'avais connu le bide retentissant du *Sabre de mon père*, avec *La Jument du roi*, je prenais une belle revanche. Jacques Fabbri qui mettait en scène cette truculente comédie de Jean Canolle était un formidable directeur d'acteurs. De tous, il est celui qui m'a le plus apporté. Chaque minute de nos six semaines de répétitions a été un moment de joie. Fabbri n'était pas quelqu'un de particulièrement aimable. Mais quelle passion communicative il apportait dans son travail ! C'était formidable de me sentir devenir chaque jour Anne de Clèves, sous son influence.

Ayant débuté au cabaret, dans les années d'après-guerre, très vite il fondait sa compagnie d'où sortirent, entre autres, Raymond Devos et Claude Piéplu. Acteur d'une franche cocasserie, il a été un metteur en scène brillant, d'une invention étourdissante. *Les Hussards*, *La Famille Arlequin*, *Misère et noblesse*... Que de souvenirs sains et joyeux ! Au cinéma, il n'a fait que des apparitions, nombreuses, mais qui laissent peu de traces. On ne lui a jamais donné vraiment sa chance. À la télévision, en revanche, le feuilleton dont il était le héros,

Schulmeister, espion de l'Empereur, a été très populaire. Il a contribué très efficacement à renouveler un théâtre de divertissement de qualité. Tout cela a été occulté à sa mort qui est passée inaperçue, en 1997. Jacques Fabbri est oublié et c'est injuste.

Jean Canolle, l'auteur, promettait beaucoup. Objecteur de conscience, il s'était essayé dans des courts métrages et des romans d'inspiration pacifiste, quelques pièces aussi dont une, *Lady Godiva*, qui avait retenu l'attention de la critique. Le succès de *La Jument du roi* l'imposait comme un nouveau dramaturge sur lequel on allait pouvoir compter, et qui prendrait normalement le relais de la génération précédente. Il n'en fut rien. Mystère de la création...

Nous nous sommes croisés, il y a une dizaine d'années, dans les ruines de Louxor. À peine le temps de se reconnaître et de se saluer que déjà nos guides nous entraînaient dans des directions opposées.

A priori, rien de moins flatteur pour une jeune comédienne que ce personnage d'Anne de Clèves, dont le physique ingrat refroidit tous les élans du roi Henri VIII, qui se serait exclamé lorsqu'on la lui présenta : « Qu'est-ce que c'est que cette jument ? » – d'où le titre. Dirais-je que c'est ce qui m'a tentée en lui ? Sans doute un peu. Mais, surtout, le rôle était superbe, savoureux, coloré.

Le septième tableau, celui de la nuit nuptiale ratée, est un petit chef-d'œuvre. Henri VIII et son épouse, assistés de l'ambassadeur Wriotestley (en l'occurrence, l'inénarrable Piéplu) qui partageait leur couche pour leur servir d'interprète, arrachaient à la salle des hurlements de rire.

J'y prenais moins de plaisir que je n'aurais dû, car la scène reposait presque entièrement sur moi. Hantée par la peur panique du trou de mémoire, toute la journée, je me répétais cette interminable tirade des blasons qui me donnait des sueurs glacées. Et pour m'aider à surmonter mon trac, je prenais du Maxiton, redoutable amphétamine alors très en vogue auprès des acteurs, et aujourd'hui retiré du commerce. Avant cela, je me contentais d'une goutte de whisky, ou d'un sucre imprégné d'eau de Carmes. Mais le Maxiton était plus efficace. Nous avons fait bon ménage pendant un an et demi. Et puis, petit à petit, c'est la dépression qui a pris le dessus.

SOUVENIRS D'ITALIE

Quand on me proposait un film à tourner en Italie, je signais les yeux fermés. *Signori in Carozza, Le ultimi Cinque Minuti, Anonima Cocottes* ne sont certes pas des chefs-d'œuvre. À croire qu'à Cinecitta, on me spécialisait aussi dans les nanars ! Mais la vie en Italie, dans les années cinquante et soixante, c'était grisant. Et je m'y suis follement amusée. Rome elle-même était une fête. Marcher au hasard, à travers ses ruelles, toujours à la découverte d'une nouvelle fontaine, se faire gentiment interpeller par des garçons, comme des jeunes centaures sur leurs vespas, dîner en bande dans les trattorias du Trastevere... J'étais gaie, insouciante, je travaillais durement, car en Italie, il n'y avait pas d'horaires. On commençait à huit heures du matin pour finir quelquefois à minuit. J'ai tourné là-bas cinq ou six films, mais je n'avais pas l'impression d'y aller pour faire du cinéma, mais plutôt en vacances. Je nouais de brèves amitiés, et parfois des flirts superficiels, c'était une autre époque, une autre vie, et moi, j'étais quelqu'un d'autre. Comment ne pas l'évoquer sans nostalgie ?

Rome est une petite ville dans laquelle les artistes

forment une grande famille. Moi qui n'ai jamais été une noctambule, je passais des nuits dehors avec Walter Chiari, Paolo Stoppa, et Rossano Brazzi qui y allait de son bel canto dans toutes les boîtes ! Les gens étaient fous de lui et il chantait divinement. Contrairement aux autres, sa femme l'accompagnait souvent. C'était une grosse dame, plus âgée que lui, mais fort sympathique. C'est Rossano Brazzi qui m'a présenté Jules Dassin qui, lui aussi, traînait à Rome pour essayer de mettre sur pied je ne sais quel projet, et qui m'a fait une cour empressée. Si je n'ai pas répondu à sa flamme, nous sommes en revanche devenus très amis. Jeannot l'a même hébergé pendant un an au Mas, et il l'a soutenu et aidé quand Jules, traqué par McCarthy, s'est trouvé exilé en France.

La très séduisante et séductrice Nadia Gray était collée avec un comte de grande lignée, riche et beau en plus, et ils cherchaient une partenaire – moi, en l'occurrence, mais je faisais celle qui ne comprenait pas ! – pour terminer intimement la soirée à trois. C'était très « dolce vita », le film dans lequel Nadia Gray incarnait justement une Messaline contemporaine.

Renato Rascelle, l'auteur de *Arrivederci Roma* et de quantité d'autres chansons, faisait aussi partie de la bande. Il était l'auteur d'une comédie musicale, *Le Jour de la tortue*, un succès mondial, sauf en France où ça avait été un four noir. Huguette, sa femme, était française. Ils m'emmenaient dans leur grosse voiture, pour passer le week-end au bord de la mer, dans un endroit très beau, qui ressemblait au Cap d'Antibes. L'argent coulait à flots. Ils habitaient un appartement moderne magnifique, sur une colline qui dominait la ville. Ils étaient gais, ils menaient la belle vie, et ils s'ingéniaient à me la rendre agréable et à me faire plaisir.

Plus tard, Renato a quitté Huguette pour une femme beaucoup plus jeune qui l'a ruiné.

Et c'est le succès qui, à son tour, l'a quitté. Et sans doute son talent. Il paraît qu'il est mort dans la misère.

Au cours de plusieurs dîners, Fellini m'a susurré à l'oreille, comme il le faisait avec toutes les femmes, et avec la même conviction : « Vous êtes très belle ! » Le divin De Sica en faisait autant, mais avec beaucoup plus de charme... Celui-là me confiait : « Oh ! comme c'est embêtant d'être marié et d'avoir une maîtresse ! » Le soir, il dînait avec sa femme, il couchait ses enfants, et il allait retrouver sa concubine... avant de ressortir pour aller jouer au poker. C'était un joueur incurable, comme Sophrone. Il jouait ses contrats avant que les films ne soient terminés. Il empruntait sans arrêt. Il était grevé de dettes. Il était pris dans une spirale infernale dont il ne s'est jamais sorti. Il perdait tout, sauf sa bonne humeur. C'était le plus délicieux des compagnons.

Lisette Pariente avait inventé « la combinaison pour faire maigrir », qui lui assurait en France la célébrité auprès des femmes fortes. Était-elle à Rome pour essayer de gagner la clientèle des mammas cellulitеuses ? Elle ne nous lâchait pas, et moi particulièrement. Excédée, je lui disais : « Allez vous changer, je ne sors pas avec vous, si vous êtes habillée comme ça. Vous avez l'air d'un monsieur ! » Alors elle se mettait une robe à volants, et ça lui donnait encore plus mauvais genre !

J'appréhendais de tourner avec Francis Blanche parce qu'il me jouait toujours des tours terribles. Or le hasard a voulu que nous nous retrouvions trois fois, à Rome, distribués dans les mêmes films.

Il ne supportait pas la solitude. Quand je rentrais le soir à l'hôtel, fatiguée par une journée de tournage, il entrait sans frapper dans ma chambre, je lui criais : « Je suis dans mon bain ! » et il répondait : « Ça ne fait rien ! Je ne te regarde pas, tu es trop moche ! Mais je m'ennuie tout seul ! » Il sanglotait : « Viens souper avec moi, je t'en supplie. Si tu me laisses seul, je vais me suicider ! » Je n'y croyais guère, mais sait-on jamais, avec un fou ? Alors, même quand j'étais déjà couchée, je me rhabillais pour l'accompagner au restaurant. Quand il avait vidé deux bouteilles de Chianti et que je lui rappelais qu'il tournait le lendemain, il faisait un scandale : « Maître d'hôtel... beuh... beuh... la dame, elle est méchante, elle veut m'empêcher de boire ! » Tout le monde nous regardait. Je me jurais de ne plus me laisser faire, mais je retombais toujours dans les pièges qu'il me tendait.

Un jour, il me dit : « J'ai vu le plan de travail. Tu ne tournes pas pendant trois jours. Toi qui aimes faire les antiquaires, tu devrais aller via del Cazzo. C'est là que sont les meilleurs ! » Je le remercie chaudement et j'inscris sur mon calepin la précieuse adresse. Le lendemain matin, en sortant de l'Hôtel de la Ville où descendaient tous les Français, je monte dans un taxi en lançant au chauffeur : « Via del Cazzo ! » Il me regarde, commence à rigoler et il appelle son confrère qui stationnait derrière lui : « La signora veut aller Via del Cazzo. Tu connaîs ? » Le collègue se fend la pipe, et il se tourne vers le taxi suivant auquel il pose la même question, en provoquant la même hilarité. J'ai bientôt eu tous les chauffeurs de la station autour de moi, qui se tordaient de rire. Qu'est-ce qu'ils avaient donc, ces imbéciles ? J'ai enfin obtenu l'explication. Mon camarade Francis m'envoyait tout simplement (pardon, lecteur !) rue de la bite !

Francis a été pris aussi de la marotte d'assister aux baptêmes. En Italie, on baptise le samedi. Pendant trois semaines, comme nous ne tournions pas le samedi, Francis m'entraînait chaque fois dans un quartier différent de Rome, où nous allions d'une église à l'autre, en enchaînant les baptêmes. Nous en avons bien fait une douzaine. On se mettait avec la famille, on embrassait les parents... c'était dingue !

À la fin d'un tournage, il a décidé de rentrer à Paris avec sa voiture, et il m'a tannée jusqu'à ce que j'accepte de faire le voyage avec lui. J'ai résisté autant que j'ai pu. Mais je n'étais pas de taille. J'avais beau lui répéter : « Mais tu n'es pas seul ! Ta petite femme t'accompagne ! » car, pour une fois, il avait amené sa femme – sa femme ou sa maîtresse, je ne me souviens plus, de toute façon, j'avais tendance à les confondre. Tout ce que je sais, c'est que la mère de ses enfants n'était pas sa légitime. Il me répondait : « Je t'en supplie ! Je m'ennuie trop avec elle ! » Bref, j'ai cédé. Avec ses bagages, Francis rapportait un petit réfrigérateur. Il paraît qu'on n'en trouvait pas de pareils en France, à moins qu'ils ne fussent beaucoup plus cher. À vingt kilomètres de la frontière, Francis demande à sa femme : « Est-ce que tu as des jupons ? Alors sors-les de ta valise, et enveloppe le frigo avec ! » Arrivés à la douane, en présentant les papiers, question rituelle : « Vous n'avez rien à déclarer ? » Francis répond : « Si. Un frigidaire. » « Où est-il ? » questionnent les douaniers. « Sous les jupons de ma femme ! » Et les douaniers de hurler de rire, sans en demander davantage.

À Rome, j'ai tourné, entre autres, avec Linda Darnell, une Américaine d'une grande beauté. Elle avait débuté dans un film de René Clair : *C'est arrivé demain*, pour très vite atteindre le vedettariat avec *Ambre*. C'était une fille délicieuse, qui parlait couramment le français. Hélas, elle était alcoolique, et ce problème devait précipiter son rapide déclin. Malgré les efforts de son amant, le producteur Pepino Amato, pour l'en empêcher, dès le matin, elle se mettait à la grappa. À midi, elle ne pouvait plus travailler. Elle est morte, encore jeune, en essayant de sauver un enfant d'un incendie qui s'était déclaré au-dessus de chez elle. Mais sa carrière était finie.

À la Villa Médicis, régnait Balthus, auprès duquel j'ai trouvé un accueil plus qu'amical. Son prestige conférait à cette institution un éclat particulier et je tirais une certaine fierté d'être son invitée. Nous allions aussi dîner souvent le soir dans une trattoria du Trastevere, avec quelques-uns de ses jeunes pensionnaires. Il avait une façon un peu professorale, saupoudrée de notes d'humour, de nous faire profiter de ses connaissances en art, et de ses points de vue toujours aussi intelligents que personnels. Cet homme sec dégageait un charme infini auquel je n'étais pas insensible.

Reporter à *Paris-Match*, Beno Grazziani séjournait souvent en Italie en même temps que moi. Élégant, charmeur, spirituel, léger, Beno aime la compagnie des femmes. À Rome, il était toujours prêt à me sortir. Coqueluche du jet-set, toutes les portes s'ouvraient devant lui. La haute société romaine menait alors grand train, et recevait avec faste dans de vieux palais d'un luxe inouï. Figure incontournable, la comtesse Pecci-Blunt, protectrice des artistes et nièce du pape Léon XIII, avait son propre théâtre où elle donnait concerts et spectacles privés. Son salon était un carrefour où se croisaient les gens les plus brillants, les plus intéressants, les plus célèbres, les plus cosmopolites. Je n'ai jamais été particulièrement sociable, mais j'avoue qu'épaulée par un chevalier servant tel que Beno, cela m'a amusée de fréquenter ce monde si loin du mien, et d'autant plus chatoyant qu'il venait de renaître de ses cendres, pour jeter ses derniers feux.

Arrivederci Roma !

MES FILLES, CATHERINE ET CAROLINE

Elles m'appellent Folcoche, c'est tout dire.

Catherine et Caroline sont très différentes l'une de l'autre.

Catherine, l'aînée, est facile, imaginative, chaleureuse, sympathique, démonstrative, légère. Très douée pour tout, mais elle n'a jamais voulu se plier à une discipline, apprendre le b-a-ba. Elle entreprend, sans jamais aller au bout des choses. C'est le portrait de Sophrone, son père. Elle a tour à tour voulu être comédienne, chanteuse, elle peint, restaure des tableaux, elle a ouvert des boutiques, elle a tout fait ! Et tout laissé tomber.

Adolescente, elle m'a donné du fil à retordre. Je m'assurais qu'elle était couchée, je l'embrassais, dans son lit, je lui souhaitais bonne nuit, et à peine avais-je tourné les talons, qu'elle se relevait pour courir danser chez Castel ! Plus d'une fois, je suis allée l'y rechercher. Si bien que dès mon arrivée au club de la rue Princesse, j'entendais ricaner : « V'là ta mère ! V'là ta mère ! » Comme elle était encore vraiment trop jeune pour passer ses nuits en boîte, je l'ai mise dans un couvent, en Angleterre C'est moi-même qui l'ai accompagnée. J'y ai passé une nuit. Il faisait un froid de canard, dans ce couvent. J'ai dormi enveloppée dans mon manteau de vison ! Très vite, Catherine en est revenue, et elle s'est mariée, comme je l'avais fait, pour échapper à la tutelle de sa mère.

Si le premier était un sauteur, j'ai beaucoup aimé son second mari, le journaliste Jean-François Bergery, le fils de notre ami Gaston Bergery. Ils m'ont donné un adorable petit-fils Sébastien. Jusqu'à l'âge de six ans, c'est moi qui me suis occupée de lui. Tous les soirs, j'allais le chercher à l'école, nous regardions ensemble à la télévision *Le Manège enchanté*, avant qu'il n'aille se coucher dans le lit à baldaquin de la chambre rose. Et puis sa mère s'est assagie, elle s'est installée dans un appartement rue de Babylone, et elle a repris son petit garçon avec elle. Il avait une vocation, devenir saltimbanque. Il sillonne la France avec sa camionnette, et il présente des spectacles drôles et poétiques sur les places publiques. Il est même allé jusqu'à Hong Kong ! Il ne demande rien à personne. Il est heureux. Il m'attendrit.

Malheureusement, Jean-François est mort, trop jeune, d'un cancer. Et Catherine s'est remariée. Avec ce troisième mari, elle a eu une fille, Lorraine, épatante. Actuellement, Lorraine fait de hautes études, et elle habite chez moi. Je la vois, tard le soir, installée dans la cuisine où elle se plaît pour travailler, penchée sur ses livres. C'est une bûcheuse. Elle est belle. Réservée. Très désordonnée, mais c'est là son moindre défaut. J'évite d'aller dans sa chambre où son petit ami s'est d'ailleurs installé avec elle. Je n'en savais rien quand un jour, en entrant dans une salle de bains de l'appartement, j'y ai découvert un jeune homme tout nu.

— Qu'est-ce que vous faites là ?

— Je prends une douche ! m'a-t-il répondu sans se décontenancer.

Depuis, Ben s'est révélé parfaitement discret et bien élevé, et il a été adopté avenue Mac-Mahon. On ne me reprochera pas de ne pas être une grand-mère compréhensive ! La machine à laver le linge tourne en permanence, d'autant plus que Nicolas, le fils de Caroline, ma seconde fille, habite aussi chez moi.

Catherine s'est installée en Normandie, non loin de sa sœur Caroline. Elle est séparée de son troisième mari. Je suis sûre qu'elle me réserve encore des surprises. Elle a cinquante ans, mais on ne les lui donne pas. Enthousiaste, entreprenante, courageuse, elle a la vie devant elle !

Caroline, elle, est rigoureuse, droite, profonde, entière, exigeante, violente même. J'ai des rapports difficiles avec elle, mais nous nous aimons. À condition de ne pas trop nous voir. Très vite, entre nous deux, c'est l'affrontement. Encore qu'avec le temps, chacune y mettant du sien, nos rapports s'assouplissent de plus en plus.

Caroline aimait par-dessus tout son père qui avait une passion pour elle. Souvent, je me suis sentie un peu exclue de leur intimité, et il m'est arrivé d'en être jalouse.

Caroline a d'abord été mariée avec Benoît et ils ont eu ensemble Nicolas.

Comme Jeannot et moi, nous avions coupé en deux notre immense appartement de l'avenue Mac-Mahon pour en offrir la moitié à Caroline, nous avons, en quelque sorte, cohabité tout en vivant chacun chez soi. Mais l'enfance de Nicolas s'est partagée entre les deux foyers, je l'ai vu grandir, et c'est pour ça que, de mes petits-enfants, c'est le plus proche de moi. Il avait cinq, six ans quand ses parents se sont séparés. Il en a éprouvé un immense chagrin dont je crains qu'il ne lui soit toujours resté des traces. Il est adorable avec moi, serviable, attentionné, affectueux. Il est intelligent et paresseux, charmeur et menteur, toujours plein de projets fumeux, imprévisible. Il joue les matamores, mais, dans le fond, il est fragile. Sa présence, dans ma solitude, m'apporte beaucoup. Mais il me fait un peu peur aussi. Avec lui, on ne sait jamais à quoi s'attendre.

Caroline a fait des débuts prometteurs de journaliste au *Monde*. Ses critiques dramatiques retenaient l'attention. Elle a été injustement remerciée à la faveur d'un changement de direction. Blessée, mais fière, Caroline ne s'est pas accrochée, et elle a décidé de tourner le dos à un milieu dont les règles ne pouvaient pas s'accorder avec les siennes. Elle s'est remariée avec un dentiste. Ils se sont installés à Coutances, dans un vieux manoir plein de charme que ma fille a enrichi d'un des plus beaux jardins de France. Il rivalise avec ceux d'Angleterre, et on vient le visiter de partout. Caroline y travaille du matin au soir avec une passion et un courage qui forcent l'admiration. Le couple est une réussite. Je crois aux seconds mariages ! Le cabinet de mon gendre est réputé et prospère. Ils ont plein d'amis. Ils jouent au golf. Ils voulaient avoir un enfant ensemble, mais Caroline ne pouvait plus. Alors ils ont adopté deux petites Vietnamiennes auxquelles Caroline réserve tous ses soins, et beaucoup d'amour.

Je n'ai pas été une très bonne mère, je le sais. Tout m'est arrivé en même temps, à vingt ans : mariage, enfant, succès... Catherine s'est beaucoup plainte de moi, parce que je l'avais laissée à son père, à l'âge de trois mois ! Je savais que si Sophrone, qui était orgueilleux, pouvait dire autour de lui : « C'est moi qui ai la garde de ma fille. Sophie a tous les torts ! » ça rendrait les choses plus faciles et que je ne tarderais pas à récupérer Catouche dont Mimi s'occupait avec un dévouement maternel. J'allais voir mon bébé quand Sophrone n'était pas là. Ça a duré à peu près un an. Après ça, nous nous sommes réconciliés, mon ex-mari et moi. Nous partions en même temps pour Préfailles où nous étions tous proches les uns des autres. Quand je relis mes petits carnets, le nom de Catherine revient à chaque page. Elle est mon souci permanent. Et j'ai comme des remords à ne pas pouvoir m'occuper d'elle davantage. Très vite, je l'ai reprise, nous nous la sommes partagée, son père et moi. Jeannot l'a adoptée comme si elle était sa propre fille, elle a eu deux foyers au lieu d'un, et elle a été doublement choyée. Alors quand elle nous fait son numéro : « Moi qui ai été abandonnée par ma mère... », je ne marche pas à son cinéma, et il en faudrait davantage pour me culpabiliser.

Mais c'est vrai que je n'ai pas l'instinct de famille. Je vois les défauts de mes enfants et de mes petits-enfants comme s'ils étaient des étrangers. Ce n'est pas une raison pour en conclure que je n'ai pas de cœur.

ADIEU PRUDENCE

Adieu prudence a été créée au Théâtre du Gymnase le 17 octobre 1961, une date fatale.

Me croira-t-on si je dis que, sur scène, on ne se rendit compte de rien ? Pendant que nous donnions la comédie, une des plus sanglantes ratonnades, orchestrée par la Préfecture de police, se jouait sur le boulevard Bonne-Nouvelle, devant le théâtre. À la fin de la représentation, il ne subsistait sur le boulevard aucune trace de ce qui s'était passé une heure avant. Pourtant les affrontements n'étaient pas passés inaperçus pour tout le monde. Alertée, Marie Bell, la directrice du Gymnase, agissait en femme de tête, généreuse et courageuse, comme elle pouvait l'être. Elle faisait fermer les portes du théâtre afin qu'à l'entracte les spectateurs ne puissent pas sortir. En revanche elle entrouvrait efficacement le passage de l'entrée des artistes à quelques Maghrébins sauvagement pourchassés quoique désarmés, pour les soustraire aux violences policières, et les cacher en coulisses. Mais cela, nous ne le sûmes que plus tard.

Marie Bell avait de moins beaux côtés. Et nos

rapports s'étaient déjà détériorés au point de ne plus jamais s'arranger.

Commençons par le commencement.

Barillet et Grédy avaient rapporté *The Marriage go round* (rebaptisé en français *Adieu prudence*, le jeu de mots à l'origine du titre anglais étant intraduisible) de New York où Claudette Colbert et Charles Boyer jouaient la pièce avec un énorme succès. La star souhaitait venir la présenter à Paris dans une adaptation très libre des deux auteurs. Mais la défection de Charles Boyer, qui aurait voulu faire un retour en France dans un rôle plus consistant, la découragea.

Barillet et Grédy restaient avec leur adaptation sur les bras, et ils me l'offrirent. Je jouais alors au Théâtre de Paris, et je n'étais vraiment pas dans des dispositions à enchaîner mon avenir par d'autres projets. Mais je trouvais la comédie bien venue, et je la fis lire à Elvire Popesco, ma directrice. Celle-ci s'enflamma avec l'enthousiasme qu'on lui connaît, et, oubliant son âge, elle envisagea de jouer la pièce elle-même. Heureusement, elle retrouva vite la raison, et la pièce passa entre les mains d'une autre actrice directrice, Marie Bell, en quête d'un rôle, non pas pour elle, mais pour son mari, Jean Chevrier. Celui de Charles Boyer lui convenait.

Plus d'un an s'était écoulé depuis le début de ces tractations. Marie Bell sut me persuader en me proposant de jouer en alternance, un système propre à me convaincre. J'étais disponible, et prête à reprendre le collier. Après m'avoir fait signer un contrat à mon plus grand désavantage – tant pis pour moi, j'étais trop bête ! –, très vite Marie Bell affecta une attitude déplaisante à mon égard. Que la presse se montrât plus intéressée par moi que par son mari, et la critique plus favorable, qu'on attribuât le succès de la pièce à ma prestation plutôt qu'à la sienne, elle ne me le pardonna pas. Et j'assistai à ce stupéfiant revirement : Marie Bell mit tout en œuvre pour saborder ce spectacle dont elle était la productrice. Elle bouscula Françoise Sagan pour qu'elle terminc à la hâte une pièce que cette dernière écrivait à son intention, et dont la création n'était pas prévue avant que la carrière d'*Adieu prudence* soit bien engagée.

Le soir de la générale, j'adressai à Marie Bell un télégramme : « Je me fais un plaisir de vous dire merde ! » C'était le mot rituel pour porter chance.

Bâclé, monté dans la précipitation, *Les Violons parfois…* fut un four à la mesure du tapage orchestré autour de sa création, pour éclipser *Adieu prudence*. La directrice s'arrangea alors pour semer la confusion dans la programmation des deux spectacles, au point que les gens ne savaient jamais ce qu'ils allaient voir. Et les recettes chutèrent rapidement. Le festival de Cannes où j'étais invitée comme membre du jury me fut un prétexte pour me tirer de ce guêpier. Marie Bell ne fit rien pour me retenir et me remplaça par Suzy Delair. Et, la saison suivante, je retrouvai mon rôle en tournée, au retour de laquelle on reprit la pièce aux Ambassadeurs.

LE MÉTIER D'ACTRICE

Je ne fais pas de l'art, mais un métier comme un autre. Une comédienne, c'est une femme comme les autres, qui travaille le soir, et le dimanche. Elle n'est pas plus importante – et peut-être moins ! – que n'importe quel boulanger.

Je ne me sens guère d'affinités avec les comédiens. Je ne fais pas partie de cette famille-là. Les numéros de vedette à la ville, les minauderies, la fausse modestie, le snobisme, la prétention, l'égocentrisme, l'exhibitionnisme me donnent de l'eczéma. Ce ne sont pourtant pas des défauts majeurs, et ça ne fait de mal à personne. Souvent, ces faiblesses sont même, chez certains, compensées par des qualités de cœur et d'intelligence. Mais c'est plus fort que moi ! Les grands acteurs ont quelque chose d'impudique. Ils me font honte. Leur étalage me gêne. Les hommes, surtout, qui se poudrent devant la glace, qui contrôlent leurs gestes, qui ne parlent que d'eux-mêmes, de leurs petits succès, qui se rassasient des moindres ragots...

Je ne supporte pas les acteurs qui pensent au-dessus de leurs moyens, qui jouent aux intellectuels, qui prétendent « prendre des risques », ça me chauffe les oreilles. Un ouvrier qui descend au fond de la mine, un trapéziste qui se lance dans le vide, ceux-là, oui, d'accord, ils prennent des risques. Mais un acteur, il risque quoi ? Une mauvaise critique ? Et alors ?

En 1950, au cours d'une interview radiophonique, sur le mode sérieux, j'avais navré André Gillois et Emmanuel Berl en leur déclarant que je n'étais pas pour les psychanalystes de cours élémentaires, et en concluant : « Nous faisons un métier d'andouilles. Dès qu'un comédien se met à penser, il est foutu ! »

Après ça, on s'étonnera que je n'aie pas que des amis dans la profession !

Je suis superstitieuse. On ne peut vivre sans angoisse quand on fait ce métier. Heureusement d'ailleurs. C'est vital pour une comédienne. Il faut avoir les tripes nouées. Avant d'entrer en scène, je fais le signe de croix et une prière. J'ai une peur atroce que ma mauvaise mémoire ne me trahisse. Pour apprendre et retenir mes rôles, je recopie chaque réplique presque chaque jour une quinzaine de fois dans un cahier d'écolier. Je répète avec un crayon dans la bouche. Alfred Adam, qui était un professeur d'une précision méticuleuse, m'avait enseigné cette technique pour soigner ma diction. J'y ai toujours eu recours. J'ai les mains tordues par les crampes. J'enfonce mes ongles jusqu'au sang dans les paumes de mes mains. J'ai comme des stigmates ! Ma peau est marbrée de taches rouges qui disparaissent dès que je sors de scène. J'évite de porter des robes décolletées. Je suis dans l'état de fébrilité d'un sportif qui doit disputer un match chaque soir et qui doit gagner. Plus le public est retors, plus j'ai envie de gagner. En scène, j'oublie tous mes problèmes. Mon plus grand défaut, c'est de jouer trop vite, de me débarrasser de mon texte, dans la crainte d'avoir un trou ou de me tromper. Car, quand je me trompe, il m'est très difficile de me rattraper. Je déteste l'improvisation. Je m'en tiens scrupuleusement à ce qui est écrit. On dit que je « module » mon texte. La vérité, c'est que je parle naturellement faux. C'est ma façon d'être vraie. Les soirs de fatigue, je chante mes répliques !

Je ne peux pas jouer seule. J'ai besoin d'un œil, de jouer regard contre regard, sans fabrication, de sentir la tension de l'autre, sa sensibilité... Ce que je préfère, c'est répéter, travailler un rôle. Mais rejouer la même chose tous les soirs, ça m'assomme. Quand je vois la queue devant un théâtre où je me produis, ça me donne le cafard, parce que ça veut dire que la pièce marche bien et qu'elle va se jouer encore pendant des mois. Je n'aime ni les beaux rôles ni le succès. J'aime les applaudissements, mais uniquement parce que ça veut dire que la représentation est terminée. Comme je joue en général sans maquillage, j'arrive à quitter le théâtre avant les spectateurs, et je suis dans ma voiture quand ils sont encore au vestiaire.

Quand je suis dans une pièce, je ne peux presque rien faire d'autre. Si je sors pour déjeuner, je rentre toujours au plus tard chez moi à cinq heures. Je m'astreins à deux heures de détente. Je fais du crochet au kilomètre. Je suis incapable de lire, de me fixer. Avant de partir pour le théâtre, j'ingurgite un verre de « mazout » (whisky et coca) et en route pour « aller faire l'andouille » ! J'ai la télé dans ma loge, mais je ne regarde que les infos. La moindre fiction me trouble.

On m'a tellement dit que j'avais du talent... je n'y ai jamais vraiment tout à fait cru. Et je n'ai jamais eu l'ambition de mon talent, si talent il y a. Tout au plus, quand je revois certains de mes films avec le recul du temps, il m'arrive de me dire : « C'est vrai. Tu n'étais pas si mal que ça ! »

À propos de comédiens…

On m'a fait lire récemment une interview de Valérie Dréville qui est passée par la Comédie-Française où elle a joué la tragédie avec beaucoup de succès. Je me souvenais d'elle, à ses débuts. Dans le téléfilm que nous avons tourné du *Préféré*, elle tenait le rôle d'une hôtesse de l'air. Elle était belle, elle avait deux répliques à dire, et elle les disait bien.

Dans cet article que publie *Le Monde*, j'ai découvert qu'elle vivait davantage à Moscou qu'à Paris pour suivre des stages de « training vocal » avec le metteur en scène Anatoli Vassiliev. Elle a même appris le russe pour mieux s'imprégner de « cet exercice [qui] délie l'appareil vocal que nous avons atrophié, avec la tradition du jeu, le mode de vie urbain ». Autrement dit, pour parvenir à désapprendre tout ce qu'on nous a appris (si j'ai bien compris ?) : « D'abord, on pratique un training physique avec un professeur d'arts martiaux. On cherche une détente maximale. Puis on s'assied sur des chaises et on construit une ligne verticale, du coccyx au sommet de la tête. Ensuite, on construit une ligne horizontale, qui traverse la salle jusqu'au point d'horizon. On arrive ainsi à un espace géométrique, abstrait, dont on est le point d'intersection. Alors on effectue un travail de conscience par rapport au son, que Vassiliev demande de considérer en tant que son pur », etc. etc. Je ne parle pas le russe, mais pour moi, c'est du chinois. Et je pense à la définition que la grande Réjane donnait à quelqu'un qui lui demandait comment on jouait la comédie : « C'est très simple : tu me parles, et je te réponds. »

LA T.V.

J'aime bien travailler pour la télévision. C'est fatigant, mais ça va vite. On n'a pas le temps de s'ennuyer, ni de se prendre la tête à deux mains, comme sur un plateau de cinéma. On fait son boulot, le mieux possible. Quelquefois, c'est très réussi.

Madame Sans-Gêne, que j'ai tournée sous la direction de Claude Barma qui connaissait son métier en grand professionnel, m'a laissé un merveilleux souvenir. Il faut dire que j'étais entourée par une distribution éblouissante, avec en tête Pellegrin et Renaud Mary.

J'avais eu un mal de chien à mémoriser ce dialogue faussement populaire. Mais quel rôle ! Je comprends que peu de comédiennes y résistent. *Madame Sans-Gêne*, c'est comme *Cyrano*, ça marchera toujours, et pour le plus grand plaisir des spectateurs, n'en déplaise aux esprits chagrins qui refusent de se laisser émouvoir.

C'était une super production de l'O.R.T.F. qui n'avait rien négligé pour le Noël 1963 des téléspectateurs. Moi qui me regarde sans indulgence, et qui me trouve toujours moche et mauvaise, quand je me suis revue récemment, pour la première fois en quarante ans, je ne me suis pas trouvée mal. J'étais particulièrement bien photographiée. Ça donne du talent !

Un joyeux rendez-vous avec la télévision, qui dura des années : l'émission des Carpentier *Les Grands Enfants* qui sont devenus *Les Grands Amis*, pour raison de maturité de leurs interprètes !

J'étais la seule femme à faire face à une bande de joyeux larrons qui se composait de Francis Blanche, Jean Yanne, Roger Pierre et Jean-Marc Thibault, Maurice Biraud, Jean Poiret. Nous arrivions le matin dès dix heures au studio du Moulin de la Galette pour y rester jusqu'au soir. L'émission, composée de jeux, de proverbes, était complètement improvisée. Nos producteurs nous abreuvaient copieusement de whisky. Plus la journée s'avançait, plus le ton montait, plus l'atmosphère s'échauffait, et plus nous « déconnions », pour appeler les choses par leur nom. Au montage, les Carpentier avaient fort à faire pour censurer des écarts de langage qui feraient sourire aujourd'hui un enfant de chœur, mais qu'on n'aurait pas tolérés sur une chaîne nationale, sous de Gaulle. Il n'en demeure pas moins vrai que *Les Grands Enfants* amusaient par leur impertinence et un ton d'une liberté inhabituelle. Ajouterai-je que, à part moi, mes partenaires rivalisaient d'esprit et que les mots fusaient au rythme d'une mitraillette. Ces messieurs, un rien misogynes, m'avaient prise pour cible, et j'étais devenue leur tête de Turc, ce qui me faisait beaucoup rire. Je m'étais confortablement installée dans mon rôle de victime joyeusement passive. Mais comme mes tortionnaires avaient tendance à passer les bornes, cela finit par provoquer l'indignation des téléspectateurs qui, prenant ma défense, leur écrivaient des lettres d'insultes. De crainte que l'émission ne perde en popularité, les Carpentier s'empressèrent de faire appel à Jacqueline Maillan pour me prêter main forte. La Maillan n'était pas femme à se laisser marcher sur les pieds. Formée à l'école du cabaret, elle avait la repartie facile. Grâce à elle, les forces qui opposaient, dans le rire, les sexes ennemis, s'équilibrèrent. J'aimais beaucoup Jacqueline. Et pourtant, jamais natures ne furent plus différentes que les nôtres. Elle avait galéré pour réussir. Son succès, ô combien mérité, la comblait. Quand elle n'était pas en scène, elle dépérissait. Consacrée vedette à part entière, elle s'épanouissait dans une fin de carrière qui aurait dû se prolonger longtemps. Le sort est injuste. Elle nous a quittés, il y a dix ans, déjà. Imitée, mais jamais remplacée, elle nous manque toujours.

Toutes griffes dehors, une série en six épisodes qui se passait dans le milieu de la couture. J'aimais beaucoup mon personnage, celui d'une femme qui se bat, au risque de compromettre sa situation professionnelle et familiale, pour assurer la réussite d'un jeune modéliste, au talent duquel elle croit. Le filmage a été relativement dur, à cause du rythme accéléré dans le travail, et aussi parce que c'est à ce moment-là que j'ai commencé à ressentir les premiers symptômes de la surdité. Malgré cela, et certaines erreurs de distribution, la série se maintint en tête des sondages pendant six semaines consécutives, et j'en conserve un bon souvenir.

Le Préféré. J'ai cru que je n'y arriverais jamais. Récemment devenue sourde, j'étais au fond du trou. Pour essayer de m'en sortir, Barillet et Grédy m'offrirent le joli rôle qu'avait créé sur scène, au Théâtre de la Madeleine, et avec le plus grand succès personnel, Judith Magre. Jean Piat, le héros de la comédie, me rassura très vite. Il est sans doute, de tous les partenaires qui m'ont été donnés, l'un de ceux avec lesquels je me suis trouvée dans la plus parfaite osmose. Abordé avec l'appréhension qu'on imagine, ce tournage s'est déroulé dans une atmosphère particulièrement amicale, grâce au soutien de toute l'équipe, et il m'a fait l'effet bénéfique d'une thérapie ; alors que je m'en croyais incapable, je me suis sentie pour une fois reconnaissante envers mon métier qui m'avait donné l'occasion de surmonter mes obsessions, et d'aller jusqu'au bout de cette entreprise.

Héritage oblige (idée de Françoise Verny, la « papesse » de l'édition). Rôle initialement destiné à Alice Sapritch. Un bide noir. Mon plus mauvais souvenir à la télévision.

Parallèlement, je n'abandonnai jamais la radio à laquelle je restais attachée depuis mes tout débuts. J'ai participé pendant des années à l'émission de Philippe Bouvard *Les Grosses Têtes*. J'aime beaucoup Philippe, et je crois que lui aussi m'aime bien. Il me conservait au sein de cette famille irrévérencieuse de rigolos comme une cousine un peu demeurée. Peut-être pour se faire pardonner d'aller en goguette avec Jeannot, quand ils se retrouvaient, comme deux larrons en foire, au Festival de Cannes !

J'enregistrais aussi occasionnellement des classiques. Deux d'entre eux obtinrent le grand prix du disque, et de l'Académie Charles Cros. Il faut dire que les distributions étaient royales ! *Le Bourgeois gentilhomme* dans lequel je jouais Nicole réunissait Henri Salvador, Virlogeux, Poiret et Serrault, Jacques Fabbri, les Frères Jacques, Arletty, Louis Velle, Maria Mauban, Françoise Dorléac, Jacques Dacqmine. C'est ce qu'on appelle une affiche !

Le Tartuffe n'était pas mal non plus avec Ledoux, Michel Bouquet, Mary Marquet, Micheline Presle et votre servante, Dorine ! Et là, au moins, je ne risquais pas d'avoir le trac. Si je bafouillais (je n'étais pas la seule !) on pouvait toujours recommencer.

FLEUR DE CACTUS

Jean Poiret, je le connaissais très bien, puisque nous nous retrouvions régulièrement au rendez-vous des *Grands Enfants*, et que j'avais tourné en 1958, avec lui et Serrault, la version cinématographique du grand succès d'André Roussin : *Nina.* J'y succédais à la magnifique Elvire Popesco, sans arriver à sa cheville, dans un rôle taillé pour elle.

Après *Adieu prudence*, dont le succès avait été quelque peu altéré par des rapports difficiles avec notre directrice Marie Bell, Barillet et Grédy décidèrent de m'écrire une nouvelle pièce. J'y mettais une condition : que le rôle soit court !

Quand les auteurs m'apportèrent leur manuscrit, je fus tout de suite emballée. Ils avaient créé pour moi un nouveau personnage qui n'existait pas dans le théâtre contemporain, celui de la femme célibataire. Jusque-là, les comédies ne présentaient que des vieilles filles ridicules. Le personnage de Mademoiselle Vignault était drôle, humain, moderne… et court. La pièce était admirablement bien construite, le dialogue brillant. Le succès me semblait assuré, à condition de ne pas se tromper sur le choix de mon partenaire. C'est lui qui devait mener l'action, sans jamais fléchir, du début à la fin. Il fallait, en outre, qu'il dégage assez de sympathie pour faire accepter aux spectateurs tous les défauts d'un personnage menteur, lâche et radin ! Je suggérai Jean Poiret. À mon sens, il serait le meilleur. Seulement Jean Poiret était indécis. Il ne s'était encore jamais séparé de Michel Serrault à la scène, et bien qu'ils en ressentissent tous les deux la nécessité pour l'évolution de leurs carrières, ni l'un ni l'autre ne voulait être le premier à en prendre l'initiative. J'étais moi-même fatiguée et j'avais décidé de prendre un an de repos avant de revenir au théâtre. Il a toujours fallu me harceler pour que je me décide à jouer. Barillet et Grédy se désespéraient.

« Si Suzanne Flon accepte, nous lui donnons la pièce ! » me dirent-ils un jour, de guerre lasse.

Ma chance voulut que Suzanne Flon ne soit pas libre. Mes auteurs y virent un signe du destin, et ils décidèrent de nous attendre, Jean Poiret et moi, le temps qu'il faudrait. Leur patience fut mise à rude épreuve : presque deux ans.

Enfin Jean donna son accord.

Les théâtres auxquels Barillet et Grédy avaient proposé la pièce doutaient que je me contente d'un rôle aussi bref. Jean avait passé le manuscrit à Serrault, avant de prendre sa décision définitive. Commentaire de Serrault : « Tu ne crains pas que Sophie soit trop âgée pour tenir le rôle d'Antonia ? »

Effectivement, Antonia avait vingt ans, et moi, quarante-trois ! Et si l'on compte les répliques, le rôle d'Antonia est plus long que celui de Mademoiselle Vignault. Serrault n'imaginait pas un seul instant que je puisse me contenter du rôle le plus court !

Mais comment n'ont-ils pas vu, tous, que Mademoiselle Vignault allait, dans la pièce, faire l'effet d'une tache d'encre sur un buvard ? Elle commence toute petite, et elle s'élargit, s'élargit... et elle bouffe tout le buvard !

Fleur de cactus fut créée le 23 septembre 1964, dans une mise en scène à laquelle mon complice Jacques Charon avait imprimé un rythme endiablé, au Théâtre des Bouffes-Parisiens.

Jusqu'à la dernière minute, les auteurs hésitaient sur le titre. La pièce avait d'abord été annoncée sous celui de *L'Amour compliqué*, puis de *L'Éléphant rose*. C'est Grédy qui trouva, in extremis, *Fleur de cactus*. Notre producteur, Jules Borkon, n'était pas d'accord. Il pensait que ça faisait opérette mexicaine pour Luis Mariano. Mais ce n'était plus l'heure de tergiverser.

La répétition des couturières fut la plus enthousiaste que j'aie jamais eue, et la générale, du délire. Hélène Martini, notre directrice, nous invita tous, après la représentation, à fêter ce qui s'annonçait comme un triomphe, dans son cabaret Schéhérazade. Il a coulé beaucoup de champagne et de vodka, cette nuit-là ! La presse fut unanime et pendant des mois, chaque matin, les queues s'allongeaient devant le théâtre, bien avant l'ouverture de la location. À plusieurs reprises, on dut appeler Police-Secours. J'avais tout le temps des problèmes avec les gens qui n'arrivaient pas à obtenir de places. Et combien de fois en ai-je acheté au marché noir, par l'intermédiaire de coiffeurs ou de portiers d'hôtel, pour les offrir à des amis qui croyaient qu'elles ne me coûtaient rien !

Fleur de cactus a été un succès mondial. Comme quoi, quand une pièce est bonne, nul n'est irremplaçable.

Lauren Bacall a réussi, dans *Fleur de cactus*, un come-back à Broadway qui a relancé sa carrière, et Ingrid Bergman s'est réconciliée avec Hollywood grâce à mon rôle.

Aux Bouffes-Parisiens, Élisabeth Wiener apportait une note anti-conventionnelle au personnage d'Antonia. C'était une soixante-huitarde avant la lettre. Forte personnalité, elle n'était pas très facile, et elle tenait tête à Jacques Charon qui n'était pas habitué à ça. Avec Jean Poiret, les rapports n'étaient guère meilleurs. Pour embêter Jean avec lequel elle devait échanger des baisers passionnés, elle mangeait des escargots et du cassoulet avant la représentation.

Jean Carmet, lui, était toujours de bonne humeur, facétieux, blagueur, et bon vivant. C'est tout de suite après *Fleur de cactus* que sa carrière, qui stagnait depuis des années, a démarré, fulgurante.

En scène, j'étais une secrétaire méticuleuse, et je jouais beaucoup avec mes fiches, mes notes... Jean Poiret avait pris l'habitude de m'écrire des énormités qu'il dissimulait parmi ces papiers, et que je découvrais chaque soir, soit sur mon bureau, soit en ouvrant un tiroir, et j'étais prise d'un de ces fous rires nerveux que je contrôlais si difficilement.

Dans une de nos grandes scènes, j'évoquais une nuit romantique, en forêt de Rambouillet : « On entendait bramer les cerfs ! » Un jour, Poiret m'a demandé : « Et comment est-ce que ça fait, un cerf, quand il brame ? » Alors j'ai essayé d'imiter le brame du cerf. Jean bramait à son tour. De représentation en représentation, le duo des brames s'allongeait pour le plus grand plaisir du public. Mais c'est une pente dangereuse que celle où se laissent glisser les comédiens, portés par les encouragements des spectateurs. Alerté, Jacques Charon a mis fin à cette extrapolation qui rallongeait la scène de cinq à dix minutes, selon les réactions de la salle.

En février 66, *Fleur de cactus* se jouait toujours à bureaux fermés depuis septembre 64.

En général, les semaines qui succèdent aux fêtes sont relativement creuses, et l'on en profite pour octroyer aux comédiens quelques jours de relâche, en compensation des représentations supplémentaires données entre Noël et le Jour de l'An.

En l'occurrence, la jauge n'ayant pas fléchi d'un iota, la direction n'avait pas la moindre intention de fermer le théâtre. Mais moi, je n'en pouvais plus. J'aspirais à prendre des vacances de neige, dont j'avais été déjà privée l'année précédente. Devant ma détermination – et peut-être même un certificat médical – la direction m'accorda un congé. Dans ce temps-là, les rôles principaux étaient encore doublés. J'avais une excellente doublure, Alberte Aveline, une jeune comédienne qui venait d'obtenir un Premier prix au Conservatoire, et qui attendait d'entrer à la Comédie-Française où, d'ailleurs, elle a fait carrière depuis. Ce serait pour elle l'occasion de faire ses débuts. Seulement voilà : Jean Poiret refusait catégoriquement de jouer avec une autre partenaire que moi. Pas par fidélité envers moi, mais parce qu'il craignait que sa popularité ne fût moins grande que la mienne, et que les recettes ne baissent à cause de mon absence. Son orgueil lui interdisait de s'exposer à cette humiliation.

Pendant deux jours, le théâtre fut bien obligé de suspendre les représentations, et de rembourser les spectateurs qui avaient loué des places. Mais aucune clause de son contrat n'autorisait Jean à imposer une telle exigence. Il se voyait menacé d'un procès qu'il aurait, à coup sûr, perdu s'il persistait. On releva donc le rideau le troisième jour sur ma remplaçante et lui, qui reprit son rôle, de mauvaise grâce. Pas un seul spectateur ne manqua à l'appel, ni se plaignit de mon absence.

Le lendemain, sans doute à défaut de nouvelles plus importantes, *France-Soir* affichait en première page une grande photo d'Alberte Aveline dans mon rôle, et sous ma coiffe d'infirmière. Là, ce n'est pas Jacqueline qui réagit, mais Sophie, la comédienne. Bien que son portrait figurât, en plus petit, à côté de celui de sa remplaçante, cela ne lui fit pas particulièrement plaisir. Aussi, quand Poiret me téléphona, fou furieux, pour me supplier de revenir au plus vite, en me disant « C'est une contre-publicité ! Ils vont tuer la pièce avec de telles conneries ! », je ne me le fis pas répéter deux fois, et j'abrégeai mes vacances. Miraculeusement remise sur pied, dès le lendemain, je reprenais le collier avec plus d'empressement que d'habitude, et devrais-je l'avouer ? même avec un certain plaisir. C'est vrai qu'avec mon rôle, je retrouvais aussi mon partenaire...

Le 1er janvier 67, après quelque huit cents représentations, je quittai ma blouse d'infirmière pour la passer à Françoise Christophe qui allait perpétuer pour longtemps encore avec Claude Nicaud, qui remplaçait Jean Poiret, le succès de *Fleur de cactus* qui ne se démentait pas.

Quant à moi, je m'envolais pour Nice où je rejoignais Robert Hirsch pour tourner *Toutes folles de lui*.

Mais je n'en avais pas fini avec *Fleur de cactus* que j'allais promener en tournée toute l'année suivante en France, et dans les pays francophones. Et reprendre vingt-deux ans plus tard, en 1987.

Fleur de cactus aura occupé une bonne partie de ma vie. Mais je ne le regrette pas. Ce n'est pas faire preuve d'immodestie de dire que, au théâtre, je n'ai connu presque que des succès. Mais de tous, *Fleur de cactus* est le plus éclatant.

Il nous était venu à l'idée, à Jean et à moi, d'aller faire rire les publics de banlieue qui n'avaient ni l'habitude ni les moyens d'accéder aux théâtres privés. Pour cela, nous étions disposés à jouer dans des conditions financières très inférieures à nos cachets habituels. Pour le seul plaisir de faire plaisir. Or nos producteurs ne rencontrèrent de la part de tous les centres culturels que refus méprisants. On ne voulait pas de nous, ni de *Fleur de cactus* ! Pauvres banlieusards condamnés à Brecht ! Je ne nie pas qu'il soit un grand auteur et qu'il ait écrit de grandes pièces. Personnellement, je ne suis guère sensible à cette lourdeur didactique. Et je doute un peu que son œuvre puisse donner le goût du théâtre aux masses laborieuses. Je suis même certaine qu'après une journée d'usine, les travailleurs et les travailleuses chers à Arlette Laguiller préféreraient *Fleur de cactus* à *Mère Courage*. Et surtout, pourquoi l'un exclurait-il l'autre ?

Il paraît que depuis ces temps lointains où régnait un ostracisme idéologique rigoureux, la situation a évolué dans ces Maisons de la culture où les choix directoriaux n'ont pas toujours fait recette. Dernier de leur souci, d'ailleurs, puisqu'ils remplissent leur mission aux frais du contribuable, en ne tenant compte que de leurs propres goûts. Feydeau y est reconnu maintenant comme un auteur social qui dénonce les turpitudes de la classe bourgeoise. J'ai encore le souvenir d'un spectacle Feydeau, à la Comédie-Française, dont un metteur en scène (américain, je crois ?) assurait le massacre. Il avait réalisé cet exploit : on ne riait pas une seule fois de la soirée !

QUATRE PIÈCES SUR JARDIN

J'admirais beaucoup Jean Richard, et je pensais que nous formerions un bon couple au théâtre. Lui-même avait de la sympathie pour moi, et c'est ainsi que naquit le projet de *Quatre Pièces sur jardin*, que Barillet et Grédy, mes auteurs attitrés, écrivirent pour nous.

Afin de nous servir équitablement, ils eurent l'idée de nous faire jouer quatre personnages différents. Ce n'étaient pas des sketches, car il y avait une continuité dans le déroulement des scènes, et une unité de lieu. Cette diversification nous donnait l'occasion, à l'un comme à l'autre, de faire des compositions très contrastées, un exercice qu'affectionnent les comédiens, et le public. J'étais enchantée de la pièce, sauf du deuxième acte, où je devais incarner une fofolle qui me rappelait Mony, la sœur de Maurice Tabarly, au point de me croire incapable de tenir le rôle ; et j'appréhendais le désagrément de devoir retrouver tous les soirs cette bonne femme qui m'exaspérait. Barillet et Grédy s'accrochaient à leur texte. Tout le monde, d'ailleurs, les approuvait. L'acte était excellent et je me souviens qu'André Roussin avait trouvé que c'était le meilleur de la pièce, et qu'il me convenait à la perfection. Il n'empêche que ce fut toujours sans plaisir que j'entrai dans la minijupe de cette « Betty de la Ponche » d'une cocasserie pitoyable et un peu ridicule, pour laquelle je n'éprouvais pas la même indulgence que ses auteurs.

Créée aux Bouffes-Parisiens le 6 février 1969, *Quatre Pièces sur jardin* ne provoqua pas le même raz de marée que *Fleur de cactus*, mais la pièce fut saluée par une critique unanime, et tint l'affiche quelque deux ans. C'est une comédie où les auteurs ont atteint une sorte de perfection dans l'analyse comique et grinçante d'une société qu'ils connaissent bien. Ils se penchent sur leurs personnages avec une lucidité amusée, mais sans concession. Par certains côtés, ils se montrent dans cette comédie-là davantage les héritiers de Becque que de Flers et Caillavet, auxquels on les a souvent comparés, ce qui n'est déjà pas si mal !

Là où le bât blessait, c'est que, décevant toutes mes espérances, je ne prenais aucun plaisir à jouer avec Jean Richard. Dieu sait que j'affectionnais l'homme. Simple, modeste, généreux, humainement, il forçait l'admiration. Mais en ce qui concerne le comédien, c'était différent. Je ne conteste pas son efficacité sur le public qui était totale, mais Jean Richard sacrifiait son authenticité au bénéfice de trucs et de procédés qui l'entraînaient vers des effets faciles. Il ne dialoguait plus avec moi, mais avec la salle. Je ne rencontrais plus son regard qui passait à côté, ou au-dessus du mien. Il avait perdu sa finesse à jouer dans trop d'opérettes et de spectacles populaires, où il accentuait ses mimiques pour provoquer les rires. Lui en faisait-on la remarque

que, rempli de bonne volonté, il tentait de se corriger, et, pendant un soir ou deux, il retrouvait son innocence. Mais sa seconde nature reprenait vite le dessus, malgré lui. C'était trop tard.

C'est la raison pour laquelle je me privai de partir en tournée avec lui. Je l'ai regretté, mais, plutôt que de souffrir tous les soirs, j'ai préféré sauver notre amitié.

C'est Anne Vernon qui m'a remplacée, et elle a été excellente.

BROCANTEUSE

Si ma mère était une maîtresse de maison méticuleuse, en revanche, elle n'avait aucun goût personnel en matière de décoration. Mon père non plus. Ils avaient confié à un décorateur l'aménagement de la maison de Saint-Cloud, et ensuite, ils ont recasé les mêmes meubles qui s'adaptaient plus ou moins bien à d'autres intérieurs.

C'est Jeannot qui m'a donné le goût des objets. Et dans ce domaine, très vite l'élève a dépassé le maître. Tout ce que je fais, c'est dans la démesure. Cette passion de « la chine » ne m'a plus lâchée.

Pendant des années, nous sommes allés chaque samedi faire les Puces, avec René et Bronia Clair. C'était un rite. Nous déjeunions dans un bon bistrot de la porte de La Chapelle, et après cela, nous déambulions tous les quatre, pendant des heures, à la découverte de Dieu sait quelle merveille qui enchanterait notre après-midi.

À force d'accumuler, mes maisons étaient bourrées, mes caves débordantes. Il a fallu trouver une solution. Lorsque je jouais *Fleur de cactus* aux Bouffes-Parisiens, je passais souvent par le passage Choiseul. Un jour, j'avisai un magasin qui était à vendre. Pas seulement le magasin : c'était toute la maison, le rez-de-chaussée avec trois étages. Mon emballement fut si vif que je n'eus aucune peine à entraîner Andrée Debar, Pierre Barillet et Jeannot (lui, un peu méfiant, ne céda que pour me faire plaisir) dans cette folie.

J'avais décidé de rendre au passage Choiseul, tombé en désuétude, tout son lustre d'antan. Vaste programme...

Une agence de mannequins, située vis-à-vis du magasin, nous garantissait des locataires pour les studios que nous avions joliment installés. L'aménagement de *Cactus Bazar* se fit dans la gaieté et l'enthousiasme.

Très vite, Jeannot s'est désintéressé de l'affaire – Barillet aussi –, mais à l'euphorie succédèrent rapidement les engueulades entre Dédée Debar et moi. J'ai toujours eu des rapports difficiles avec Andrée Debar, je me suis brouillée, réconciliée avec elle d'innombrables fois, mais je n'ai jamais cessé de l'aimer bien.

Partir seule en voiture pendant plusieurs jours avec mon guide des brocanteurs et ramener des pendules, des tableaux, des miroirs... quelle griserie ! La route de Paris-Préfailles, je la faisais en quatre jours pour couvrir quatre cent cinquante kilomètres. J'écumais la région.

Sur la lancée de *Cactus Bazar*, j'ai loué une boutique à Saint-Tropez pour une saison de brocante. J'étais descendue dans le Midi avec mon break, chargé de marchandises, et Bronia et René Clair m'hébergeaient.

Mais j'achetais trop cher et je vendais trop bon

marché. Souvent, je n'arrivais pas à me séparer de mes coups de cœur. Bref, je n'étais pas douée pour les affaires. Pourtant, j'aurais aimé travailler « à la sonnette », c'est-à-dire aller acheter chez les particuliers.

Je peux passer des heures devant des vitrines. Jeannot me traitait de « glouton optique ». Lâchez-moi dans un supermarché, et on ne me revoit plus de la journée...

La salle Drouot, quel champ d'observation pour la nature humaine ! On y côtoie des clochards milliardaires et des gens ultra chic et sans le sou...

Suivant l'exemple des René Clair qui, amoureux fous de leur caniche Bijou, recherchaient les petits chiens de bronze, de fonte, de régule et de porcelaine à son image, je me suis mise à constituer des collections à thèmes : nègres en terre cuite, caves à liqueur XIXᵉ, Loï Fuller et Isadora Duncan dans toutes positions, en biscuit de Sèvres, nappes en boutis (tissu matelassé provençal) pots à œufs en faïence de Sarreguemines, Lalique, folies à musique, animaux de salon Napoléon III...

Je n'ai pas de goût pour les meubles précieux. Ma préférence va au XIXᵉ, au guéridon inattendu, au tabouret cocasse, aux fauteuils de jardin, aux mobiliers de bambou et de pitchpin... J'aime briquer, décaper mes découvertes, les ramener à la vie. J'aime les objets. Ils sont silencieux, mais ils me parlent.

Est-il nécessaire de le dire ? *Cactus Bazar* fut un désastre financier. Les top-models, ce ne sont pas des locataires particulièrement fiables. Elles allaient, venaient, disparaissaient en oubliant souvent de régler leur loyer. Quant au magasin, malgré une clientèle suffisante, c'était un gouffre, parce qu'il n'était pas géré du tout. Seule, Dédée, omniprésente, y faisait ses affaires.

Lassés de perdre de l'argent dans une entreprise dont ils ne tiraient que des soucis sans plus aucun plaisir, mes autres associés me persuadèrent que la sagesse, c'était de tout liquider. Ce qu'on fit, au bout de quelques années, en y laissant pas mal de plumes. On s'était tout de même bien amusés, et quand nous y repensons, c'est sans regret. Mais j'évite de passer par le passage Choiseul.

FIDÈLE, FIDÈLE...

À force de nous faire des scènes en scène, Jean Poiret et moi, nous nous sommes laissés aller quelquefois à des affrontements beaucoup plus tendrement intimes, au cours de ces deux années où nous avons joué ensemble *Fleur de cactus*. Cela se passait dans la plus totale discrétion. Quoique marié, Jean menait ouvertement une vie très libre. Moi, je me montrais beaucoup plus sournoise. Mon vieux fond d'éducation bourgeoise, sans doute...

Je n'ai jamais considéré que ce genre de petits « extras » – et en ce qui me concerne, on pourrait les compter sur les doigts d'une main – constituaient des trahisons conjugales. Après tout, pourquoi n'aimerait-on pas plusieurs hommes, avec une intensité variable, et à des titres différents ? Le tout étant de savoir « jusqu'où on peut aller trop loin », selon la formule de Jean Cocteau. En tout cas, ces coups de canif dans le contrat matrimonial n'ont jamais ébranlé la solidité de notre couple. Jeannot, lui-même, ne s'en est pas privé, et il ne me serait pas venu à l'idée de lui demander de m'être fidèle. Mal m'en aurait pris, d'ailleurs. Il n'était pas non plus d'un naturel jaloux. Probablement au courant de mes incartades – je pars du principe que, tôt ou tard, tout se sait toujours – il a feint de les ignorer. S'il ne les encourageait pas, du moins cela l'aidait-il à commettre les siennes, en toute bonne conscience. Pour peu que cela lui ait été nécessaire, et ça reste à prouver... Aussi me suis-je appliquée à imiter sa ligne de conduite. Je n'ai jamais été, non plus, vraiment jalouse de lui. La fidélité, je la situe à un autre niveau, très au-dessus de la ceinture. Comment douter de celui auquel on a donné son amour et sa confiance ?

Cela ne m'empêchait pas de ressentir parfois de légers énervements, quand je voyais ces demoiselles, au Festival de Cannes, papillonner autour de mon Jeannot qui roucoulait de plaisir... particulièrement avec une certaine Maria Schell, propulsée en haut du box-office, grâce à son interprétation dans *Gervaise.* Ah ! celle-là... Pour ma vengeance, je me contentais de l'appeler « Maria Schialle », parce que cette excellente actrice avait tendance à démontrer son talent à grand renfort de larmes.

La vraie jalousie, la seule dont j'aie pu souffrir au début de mes relations avec Jeannot, c'était une jalousie rétrospective. On peut, à la rigueur, lutter contre une rivale, fourbir ses armes, sortir ses griffes, préparer un plan de bataille, mais contre un souvenir, comment ne pas se sentir sans défense ? Je ne me trouvais pas aussi belle, aussi intelligente, aussi séduisante que celle qui m'avait précédée dans la vie de l'homme que j'aimais. Rongée par le doute – j'ai toujours beaucoup douté de moi – l'inquiétude me poussait à inspecter son bureau, fouiller dans ses papiers... Quelles ne furent ma confusion et ma honte, en ouvrant un jour le tiroir où il rangeait son courrier, de tomber sur le dessin d'un gros œil qui me regardait et au-dessous duquel il avait écrit : *Coucou ! Je te vois !*

Comme toujours, Jeannot dédramatisait une situation qui aurait pu être embarrassante, par l'humour. Il n'y a pas eu d'explication entre nous, et je n'ai jamais récidivé.

Lui, il a continué d'inspirer une correspondance amoureuse à ses admiratrices dont il conservait soigneusement les lettres, nouées par des faveurs de couleurs différentes. Je les ai retrouvées après sa mort. Mais je ne les ai pas lues. Je le jure.

1944. Avec Jacques-Henri Duval. Nous venons de nous voir attribuer à tous les deux un Premier prix de comédie, au concours du Conservatoire.

Avec mon maître Louis Jouvet.

1943. Mon professeur Madame Dussane me donne un remontant avant que j'affronte le jury du concours du Conservatoire.

1942. Scène d'audition avec Jacques Charon au cours René Simon.

1945. Avec Pierre Renoir, dans mon premier grand succès au théâtre, *Le Soldat et la sorcière.*

1951. Avec Pierre Dux dans *Le Sabre de mon père*.
J'adorais la pièce et ce fut un four noir.

Après cinq répétitions, je joue Célimène dans *Le Misanthrope*
avec Jean Marchat et Yolande Laffont. Jouvet est outré !

Pendant trois ans, j'ai été *Hélène ou la joie de vivre*.

La main passe. Avec Jean-Pierre Darras. En 1971, je retrouve Feydeau que je n'avais pas joué depuis mon concours au Conservatoire.

1961. *Adieu prudence.*
Avec Jean Chevrier.

J'ai pu m'adonner dans *La Jument du roi* à l'un de mes plaisirs : faire des grimaces.

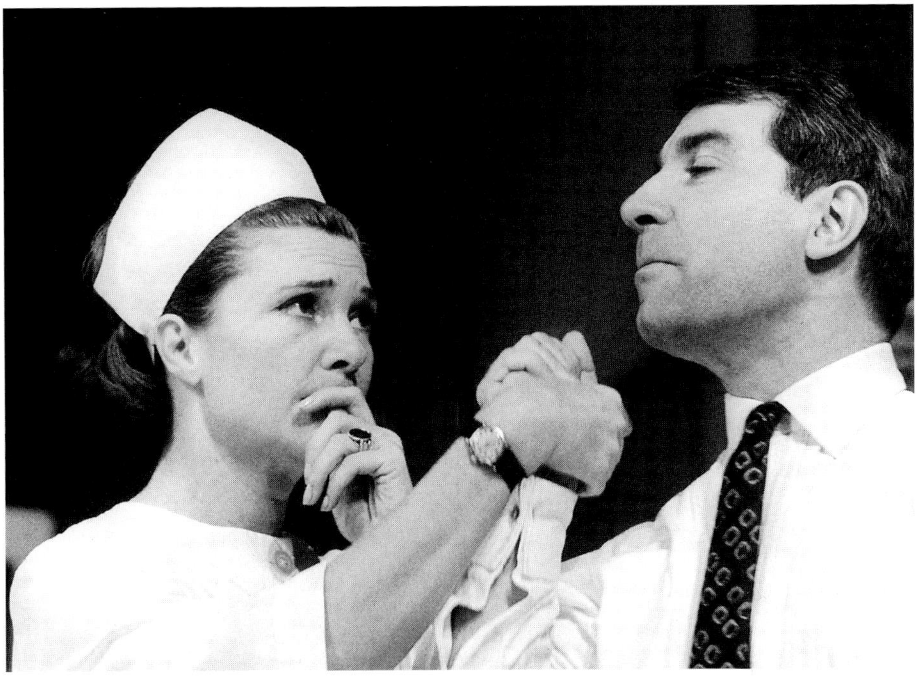

1964. Avec Jean Poiret dans le triomphal *Fleur de cactus.*

Le rideau final. À gauche de Jean Poiret, Élisabeth Wiener.
À ma droite, Jean Carmet.

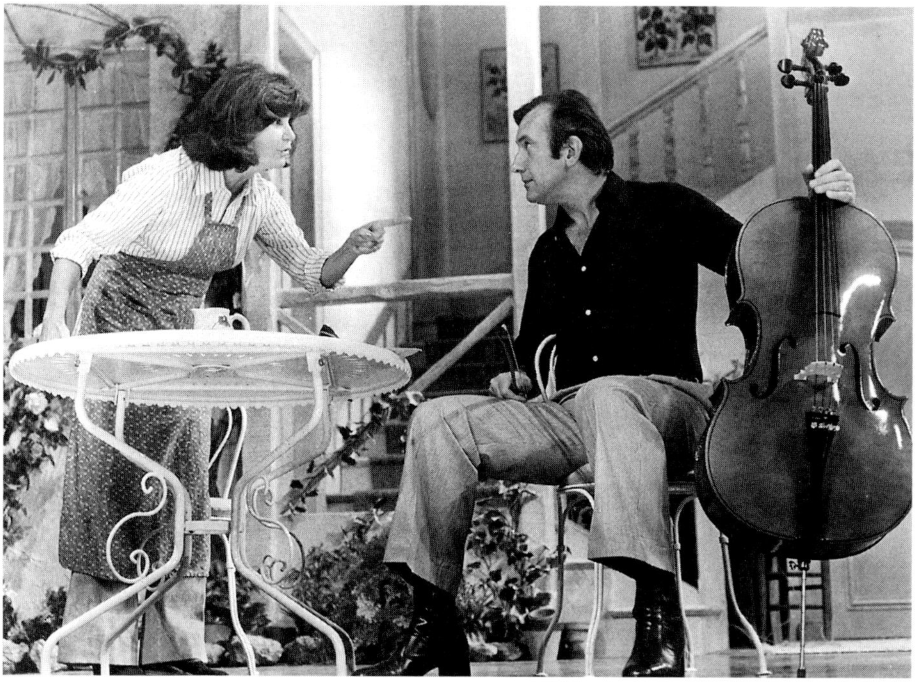

1975. Ma dernière création au théâtre, *Peau de vache*. Avec Daniel Ceccaldi.

1969. *Quatre Pièces sur jardin.* Avec Jean Richard.

À quinze ans. J'étais pensionnaire, et j'ai fait mes débuts à l'écran comme figurante dans *Battements de cœur*.

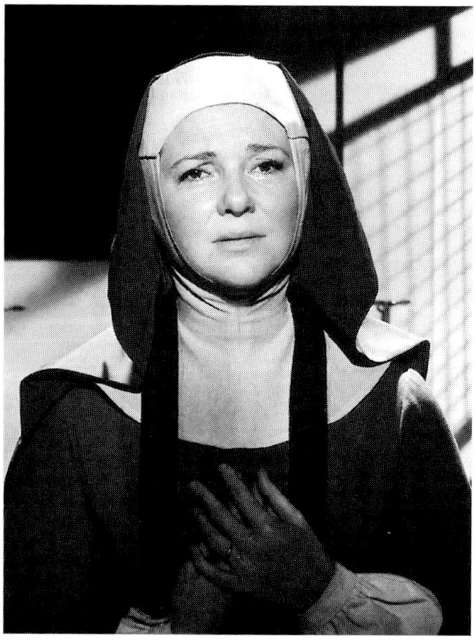

Religieuse dans
Le Secret de sœur Angèle.

Madame Sans-Gêne
à la télévision.

Putain dans *Les trois font la paire*. Avec Michel Simon.

1941. *Premier Rendez-vous.*
À ma gauche, Simone Valère.

1945. *Seul dans la nuit.*
Avec Bernard Blier.

1950. *Ma pomme.*
Avec Maurice Chevalier.

1961. *Défense d'y toucher*.
Avec Francis Blanche.

1967. *Toutes folles de lui*.
Avec Robert Hirsch.

1970. *Le Mur de l'Atlantique*.
Avec Bourvil.

Pour tirer les rois, j'avais réuni avenue Mac-Mahon
Jean Marais, Gérard Philipe et Danièle Delorme.

Partie de campagne romaine avec Ingrid Berman et Vittorio De Sica.

1962. Seule femme parmi les jurés du Festival de Cannes.
À ma gauche, François Truffaut et le président du jury Furukaki. Les trois têtes dominantes sont de gauche à droite celles de Jean Dutourd, Romain Gary et Mel Ferrer.

À Cannes. Avec Jean-Claude Brialy et Jeanne Moreau.

LES FESTIVALS

Je ne suis pas une fervente des festivals. Ce qui ne m'a pas empêchée d'accepter souvent d'y participer, soit sous la pression des organisateurs, soit pour le plaisir d'accompagner mon mari, ou encore par simple curiosité de visiter un pays inconnu. Je me suis même toujours rendue avec plaisir au Festival de Cannes, peut-être parce que je m'y retrouvais un peu en famille, Jean de Baroncelli faisant partie du comité de sélection des films. Par ailleurs, le président Gilles Jacob était notre ami personnel.

Le seul qui m'ait laissé un goût amer, c'est le festival 1962, auquel je participai en tant que membre du jury. Jeannot était furieux ! Nous n'avons même pas habité le même hôtel. Il voulait bien m'emmener avec lui passer quelques jours à Cannes, mais certainement pas que j'y tienne, comme lui, un rôle officiel. Le Festival, c'était son fief, sa chasse gardée, son parc aux biches.

Celle qu'il courtisait, cette saison-là, c'était Bibi Anderson. À cause d'elle, j'ai dû supporter pendant des années un canapé dont la couleur jurait avec celles de mon salon. J'avais emmené Jeannot chez le tapissier avec l'intention de choisir un velours pour recouvrir mon Chesterfield. Mais il était si impatient de courir à un rendez-vous avec la belle Suédoise, qu'il ne regardait même pas les échantillons, et au premier qu'on lui présenta, il l'approuva : « Très joli ! Très joli ! Tu ne trouveras pas mieux ! » Le résultat fut déplorable. Je surnommai le canapé : Bibi, et je ne manquais pas une occasion de lancer à mon mari : « Assieds-toi sur Bibi ! », ce qui ne le faisait pas tellement rire. Moi, je trouvais ça drôle !

Pour en revenir au Festival de Cannes, le jury comportait le producteur Deutschmeister, Romain Gary, Jean Dutourd, Mel Ferrer et quelques autres, dont malheureusement François Truffaut. J'ai tout de suite senti qu'entre nous deux il n'y avait pas d'atomes crochus. Sûr de soi, il abusait de son autorité et manifestait même un certain mépris envers ceux qui se permettaient de ne pas partager ses opinions. Il est parvenu à créer parmi nous une atmosphère de défiance qui lui a permis d'imposer sa dictature, et un palmarès discutable. (*La Parole donnée*, un film brésilien d'Anselmo Duarte, obtint la Palme d'or.) C'est en vain que je m'étais battue pour qu'on attribuât le Premier prix d'interprétation féminine à Katharine Hepburn dans *Long day's journey into the night*, d'après la célèbre pièce d'Eugène O'Neil. Mais Monsieur Truffaut n'était pas d'accord et il préconisa une récompense globale pour tous les acteurs du film.

De Londres, je ne conserve pas un souvenir glorieux. J'ai même été au-dessous de tout. Quand j'y repense, j'ai vraiment honte de moi. On y présentait

Le Roi, en présence de Maurice Chevalier. Accueillie à l'aéroport d'Heathrow par une horde de photographes de presse, je n'avais même pas pris la peine de me maquiller, pas plus que celle de faire le moindre effort d'élégance. Je ne pensais qu'à courir les magasins et à acheter des cachemires qui, à l'époque, étaient bien meilleur marché en Angleterre qu'à Paris. Dès mon arrivée, je me lançai dans un marathon de shopping. Un déjeuner était prévu avec un producteur fort connu, qui songeait à me distribuer dans un film. J'arrivai en coup de vent au Savoy, pour m'excuser de ne pouvoir rester, en prétextant d'un rendez-vous très important ! J'ai manqué un rôle pour aller chez Harrods ! Et le rôle, c'est Anne Vernon qui l'a récupéré. Mais je suis repartie de Londres en ayant endossé cinq chandails les uns sur les autres, pour passer la douane. C'est ce qu'on appelle mener une carrière intelligemment !

Je ne me souviens du morne festival de Karlovy Vary, en Tchécoslovaquie, alors tétanisée par le régime soviétique, que parce que j'y ai rencontré Andrée Debar qui allait tenir une place importante pendant quelques années dans ma vie. Je revois encore sa première apparition. J'occupais avec Jeannot une chambre, au-dessus de l'entrée de l'hôtel. Je regardais par la fenêtre et j'ai vu arriver une voiture française. Une très belle femme blonde en est descendue. Elle s'agitait beaucoup, en faisant des grands gestes, pour qu'on vienne l'aider à porter ses bagages. Je me suis dit : « Tiens ! voilà quelqu'un d'amusant ! » J'ai demandé qui elle était. Elle avait tourné *La Garçonne*, *Le Chevalier d'Éon* (deux personnages ambigus !) mais elle n'était pas encore très connue, et elle n'a été qu'une vedette éphémère.

Ayant passé son permis de conduire quatre jours avant de partir, elle avait fait presque d'une traite le parcours Paris-Karlovy Vary. Elle avait traversé le rideau de fer, sans se soucier des problèmes qu'elle risquait de rencontrer, dans des pays inconnus, dont elle ne parlait pas la langue, et sous le régime que l'on sait, seule au volant d'une voiture dont elle maîtrisait à peine la conduite. De la démence ! D'ailleurs, elle était folle, je m'en suis aperçue plus tard. Au début, je ne la croyais qu'excentrique, et c'est ce qui m'avait séduit en elle. Nous l'avons tout de suite appelée Dédée la Graine, ce qui prouve bien qu'elle avait un grain ! Elle était menteuse et tricheuse. Quand on jouait aux cartes, on s'engueulait, mais ça n'avait pas d'importance. Quand nous avons été associées, c'est devenu plus grave. C'est moi qui lui ai donné le goût de la brocante. Elle n'avait jamais brocanté de sa vie. Ça l'a amusée, et comme elle était complètement farfelue, elle s'est lancée dans le métier avec une fougue passionnée, et elle est devenue une vraie professionnelle, âpre au gain.

Elle s'était mariée avec un politicien, Roger Duchet, alors président des Indépendants et Paysans. Il venait d'être ministre des Télécommunications. Ils étaient fous l'un de l'autre. Ils passaient l'été à Majorque, à la Caletta de Santa Ponsa, une crique de rêve, où nous allions, Jeannot et moi, les rejoindre chaque été. Nous avons vécu des moments de grande gaieté, de bonheur et de grâce, avec eux. Et puis Roger est mort. Dédée est restée seule avec sa vieille mère, dans son immense appartement du quai Anatole-France, meublé en Napoléon III. Sinistre. Elle avait ouvert un département d'antiquités au Bon Marché et elle s'étourdissait dans sa brocante. Mais elle devenait de plus en plus bizarre. Elle était atteinte de la maladie d'Alzheimer, depuis longtemps sans doute. Mais avec l'absence de Roger, avec le chagrin, ça s'est aggravé rapidement. À la fin, on l'a internée. Je ne l'ai appris que tardivement, après sa mort.

En 1964, j'ai été invitée avec Jean de Baroncelli au Festival international du cinéma à Montréal. À peine installée dans notre chambre d'hôtel, j'ouvre machinalement la T.V., davantage pour m'assurer qu'elle fonctionne que pour la regarder. Je continue à vaquer et... j'entends une voix qui m'est familière. C'était la mienne ! Je crie à Jeannot : « Écoute ! C'est moi ! Je passe à la télé ! », et Jeannot de me répondre : « Tu te vois partout ! » Mais je ne me trompais pas. C'était un de mes vieux films qu'on donnait, par hasard, sur une chaîne canadienne. Il y a de ces coïncidences, quelquefois !

J'ai beaucoup aimé le Canada et les Canadiens, et le français si pittoresque dans lequel ils s'expriment, et qui relève parfois d'un humour involontaire. Je me souviens d'être passée dans la rue, devant un salon funéraire qui avait pour en-tête : *Sans regret* et tout de suite après, une agence d'assurance-vie au nom de Monsieur Maccabé. Là, franchement j'ai éclaté de rire, au plus grand étonnement du groupe de journalistes qui nous escortaient et qui ne comprenaient pas du tout les raisons de cette soudaine hilarité.

J'ai pu vérifier que les grands magasins affichaient « grand écoulement de blanc à la verge » et les charcutiers des « fesses de jambon » et j'ai appris toutes sortes d'expressions charmantes qui témoignent, paraît-il, de l'authentique vieux français avec beaucoup plus de fidélité que celui que nous parlons.

C'est en compagnie de Maurice Ronet, Erich von Stroheim, le directeur de la cinémathèque Langlois, Claude Mauriac, Ray Ventura et quelques autres célébrités, que nous nous sommes envolés, Jeannot et moi, pour aller représenter la France au Brésil. Le festival devait nous mener de São Paulo a Rio, et de Rio à Récife.

C'est après avoir décollé de Rio que j'ai entendu Ray Ventura demander à Claude : « Dites-moi, Claude, il tourne de votre côté, le moteur ? » Après un coup d'œil par le hublot, « Non », a répondu Claude. « Eh bien, du mien non plus ! » a conclu Ray. Deux moteurs sur quatre étaient en panne. On a décrit des cercles pendant une heure et demie autour du Pain de Sucre. Pas plus rassurée que ça, je me disais : « On va finir par rentrer dedans ! », et puis, miraculeusement, les moteurs récalcitrants se sont remis en marche et c'est sans encombre que nous nous sommes posés à Récife, auquel je préfère l'ancien nom de Pernambouc. Quand l'avion a atterri, je n'étais tout de même pas fâchée.

C'est très beau, Récife. Au milieu d'étangs, ça ressemble à la Camargue, ce n'est pas le contraire de Palavas-les-Flots.

J'ai beaucoup sympathisé avec Stroheim auquel on rendait un hommage. Au-delà du cabotinage, il avait fini par s'identifier totalement à son personnage. Sa composition était si parfaite qu'il ne faisait pas honte. Je me demandais : « Qui est-il vraiment ? » sans parvenir à deviner ce qui se cachait derrière ce masque. Sans doute l'avait-il oublié lui-même. Mystère des acteurs...

Celui qui s'est montré franchement impossible au cours du voyage, c'est Michel Simon. On ne savait jamais à quel scandale s'attendre avec lui. À tout bout de champ, il baissait son pantalon, exhibait ses « bijoux de famille », traitait grossièrement les hôtesses brésiliennes qui nous recevaient avec beaucoup de civilité. C'était un acteur de génie, soit, mais comme ambassadeur de la France, je ne répondrais pas de la réputation qu'il faisait à son pays. Moi, il m'embarrassait, et je ne le trouvais pas drôle du tout.

Je suis même allée avec Jeannot jusqu'au Cambodge pour répondre à l'invitation du prince Norodom Sihanouk. Quel curieux personnage, cocasse, malin, mégalo ! Pendant une dizaine de jours, il a présenté à la délégation française des films dont il était l'auteur et l'interprète, entouré de ses femmes et de ses filles. Et pour faire suite à ces projections, il nous entraînait dans les boîtes de nuit de Pnom Penh où il s'emparait du micro et susurrait, comme un crooner, les tubes de Frank Sinatra !

Cet étrange prince régnant qui nous semblait si farfelu a prouvé par la suite qu'il était un fin politique, puisqu'il a survécu aux atroces événements qui ont décimé son pays, et qu'il y a même retrouvé sa place.

J'ai connu des festivals plus intimes, comme ceux d'Avoriaz, de Cognac, de Biarritz. La camaraderie l'emportait sur le souci de paraître. Et j'adore le cinéma, en tant que spectatrice. Trois films par jour, j'étais comblée. Un joli environnement, un cadre sympathique, quelques copains qu'on a perdus de vue et avec lesquels on se retrouve par hasard, l'occasion d'évoquer superficiellement, avec nostalgie ou gaieté, des souvenirs qu'on croyait oubliés, voilà ce que nous offrent ces rendez-vous, plus que les grandes manifestations médiatisées où chacun est sur son quant-à-soi, dans l'espoir qu'une caméra se braquera sur lui.

Surmontant ma sauvagerie, j'ai participé à plus d'un de ces festivals, et je ne l'ai pas regretté.

À Deauville, en septembre 1988, le festival rendait hommage à Claudette Colbert qui fêtait à la fois ses quatre-vingt-cinq ans, et la Légion d'honneur qui venait d'orner sa boutonnière. Avant d'aimer en elle une amie chaleureuse et généreuse, j'avais beaucoup admiré, adolescente, l'actrice dont le brio, l'esprit, la finesse, allaient me servir de modèle. Des journalistes un peu trop bienveillants avaient vu en moi « la Claudette Colbert française ». J'aurais bien voulu ! Française, Claudette l'était elle-même, bien qu'elle parlât sa langue de naissance avec un léger accent, et des tournures de phrases anglo-saxonnes. D'une jeunesse indestructible, d'une vitalité à toute épreuve, Claudette était, en toutes circonstances, quelle que fût l'heure du jour, coiffée, maquillée, habillée à la perfection, comme en représentation, et pourtant parfaitement naturelle.

À Deauville, elle me fit l'honneur de me demander de la présenter au public. Ce que j'acceptai avec joie. Et devant la maîtrise que manifesta spontanément, en la circonstance, cette grande dame toute simple, je mesurai, avec admiration, la distance qui me séparait du professionnalisme, à la ville comme à la scène, d'une vraie actrice.

CINÉMA
« AURAIT PU MIEUX FAIRE »

J'ai tourné, je ne sais pas combien de films au juste, une quarantaine, peut-être davantage, je n'ai pas compté, une majorité de navets, quelques ouvrages charmants, corrects, proprement mis en scène, sans plus, et dont certains ont remporté d'honnêtes succès, et rapporté pas mal l'argent ; mais pas un seul grand film, tant s'en faut.

On ne peut pas dire que je n'ai pas eu de veine. Je m'en fichais totalement ! J'acceptais n'importe quoi. Pour que je refuse un film, il fallait vraiment que le scénario soit débile. Cela dit, quelle que fût l'ânerie que j'ai tournée, une fois sur un plateau, je me suis toujours défoncée pour donner le meilleur de moi-même. Mais autant j'ai été attentive au choix des pièces que j'ai jouées au théâtre, autant me suis-je désintéressée de ma carrière cinématographique. On me faisait une offre, et avant même de considérer la qualité de l'entreprise, je ne voyais dans chaque nouveau projet que ce que j'allais pouvoir m'acheter avec ce que je gagnerais. Je ne me souviens de certains titres de mes films qu'en termes de maison, meubles, tableaux, voitures ! Avec *Fumée blonde* j'ai acquis un appartement pour ma fille Catherine, avec *Drôles de phénomènes*, j'ai meublé ma fermette des environs de Paris… et il en va presque de tous ainsi.

Mon impresario, Paul Olivier, avait pour moi encore moins d'ambition que j'en montrais moi-même. *Demain nous divorçons* avait particulièrement bien marché avec Fernand Gravey et moi en tête d'affiche, et le producteur voulait exploiter ce filon et reformer notre couple. J'ai dit à Paul Olivier : « C'est l'occasion de m'obtenir un meilleur contrat » et il m'a répondu : « Tu te prends pour qui ? Greta Garbo ? »

Alors évidemment, valorisée comme je l'étais par celui qui était supposé servir ma carrière, je m'estimais déjà heureuse qu'on pense à moi et qu'on me propose un rôle ! Jamais il ne me serait venu à l'idée d'intriguer auprès d'un metteur en scène. Jamais je n'aurais osé suggérer, pour me mettre en valeur, un sujet de scénario. Jamais je n'ai eu l'ambition d'incarner tel personnage. Par j'm'en-foutisme ou par humilité ? Un mélange des deux, sans doute.

Il m'est arrivé de regretter qu'un réalisateur comme Jacques Becker ne songe pas à moi, mais je n'ai jamais rien tenté pour lui faire savoir que j'aurais aimé travailler avec lui. Peut-être que si Jeannot m'avait poussée, m'avait conseillée… Par son père et son métier de critique, il était proche des milieux de cinéma, où il comptait beaucoup d'amis. Mais il n'est jamais intervenu, ni pour ni contre, dans mes décisions. Il avait l'air de s'en fiche autant que moi. Et, même avec lui, j'étais trop orgueilleuse pour demander quoi que ce soit.

En 1945, je décrochais mon premier grand rôle dans *Seul dans la nuit*, mise en scène de Christian Stengel, une histoire policière dont Sauvajon avait très habilement tricoté le scénario. Jacques Pills faisait partie de la distribution et il chantait :

Seul dans la nuit, mains dans les poches,
Cherchant l'oubli d'un malheureux amour...

Je lui disais : « Vous ne vous rendez pas compte, Jacques, mais c'est dégoûtant, ce que vous chantez là ! » Il ne comprenait pas pourquoi. Il n'était pas très futé ! Je ne le lâchais pas : « Demandez à Édith Piaf [qu'il venait d'épouser] de vous expliquer ! » Quand il a enfin saisi, il a pris des airs offusqués. « Ce que vous pouvez avoir l'esprit mal tourné ! Mais vous avez raison ! » Et puis, il a éclaté de rire.

Jean Davy, l'assassin, devait se jeter sur moi pour m'étrangler. Il souffrait alors d'une crise d'eczéma, et dans sa tentative de strangulation, il m'a passé le virus. Et pendant plus d'un mois, j'ai souffert d'abominables rougeurs et démangeaisons. C'est un souvenir cuisant !

1946. *120 rue de la gare*, mis en scène par Daniel Normand.

Tiré du célèbre roman de Léo Malet, qui a donné naissance au détective privé Nestor Burma, « l'homme qui met le mystère K.O. »

Léo Malet était un drôle de type. Un vrai anarchiste. Pendant le tournage du film, il a été constamment sur le plateau. Après, je le revis de loin en loin. Il est venu me voir, dans notre propriété de La Paillade, et il a insisté pour camper dans le parc, sous sa tente. Plus tard encore, il s'est épris d'une fille beaucoup plus jeune que lui. Il n'arrêtait pas d'ouvrir son portefeuille pour me montrer des photos d'elle. Alors que je n'avais pas entendu parler de lui depuis longtemps, il m'a téléphoné, et il a insisté pour que nous nous voyions. Nous avons pris rendez-vous. Mais entre-temps, il a été hospitalisé et il est mort.

C'est dans le courant de cette même année 46 que Jacques Feyder me propose un beau rôle auprès de Françoise Rosay et Paul Meurisse dans *Macadam* dont il va assurer la direction artistique. Mais je suis enceinte et je dois y renoncer. C'est Simone Signoret qui me remplace, et elle fait sensation. Après ça, on se l'arrache, et elle devient très vite la grande vedette que l'on sait.

Je me suis souvent demandé : « Est-ce que j'ai manqué ma chance au cinéma en laissant échapper ce rôle ? Aurais-je connu un succès comparable à celui de Signoret si c'était moi qui l'avais joué ? » Probablement pas. Le personnage semblait taillé sur mesure pour Simone Signoret. Moi, je l'aurais composé. Et jamais je n'aurais été aussi bien qu'elle.

1948. Trois films avec Pierre Brasseur dans la même année : après *Rocambole* et *La Revanche de Baccarat*, je le retrouvai dans *Croisière pour l'inconnu*, mis en scène par Pierre Montazel, un chef opérateur dont c'était le premier film. Le premier et le dernier !

Louis de Funès incarnait avec beaucoup de drôlerie un tout petit rôle de cuisinier. Comme tant de comiques, dans la vie, il était plutôt morose. Je l'avais connu pendant l'Occupation, dans un bar de Neuilly où, avant de faire l'acteur, il gagnait sa vie comme pianiste. Sophrone y allait jouer au poker, quand nous habitions la Résidence, près du cimetière.

1949. Je ne devais pas être une avocate très convaincante dans *La Veuve et l'innocent*. Je défendais Saturnin Fabre. Il était génial, avec son œil fou, quand il criait, dans le box des accusés : « Je suis innocent ! » Le film était mis en scène par André Serf, un petit bonhomme qu'on appelait Bambi. Il n'a jamais tourné d'autre film que celui-là. J'ai la spécialité des metteurs en scène d'un seul film !

Betty Daussmond, qui n'avait pas particulièrement la réputation d'être une bonne personne, était distribuée dans le rôle de ma mère.

Or, à mes tout débuts, on m'avait engagée dans une pièce d'Yves Mirande, puis remplacée au bout de quelques répétitions, à la demande de cette comédienne.

J'avais oublié ce coup bas, quand à l'essayage des robes que je devais porter dans le film, un jour, chez Lucien Lelong, j'entends, dans la cabine voisine, Betty Daussmond se vanter auprès de sa vendeuse : « La petite Desmarets, elle débitait son texte si vite qu'on ne comprenait pas un mot de ce qu'elle disait... Alors je l'ai fait virer ! » Je me suis dit : « Toi, ma vieille, tu ne joueras pas ma mère ! » Et le soir, en rentrant chez moi – je devrais avoir honte de ce que j'ai fait ! – j'ai donné des coups d'épingle dans un bouchon en disant : « Vieille salope ! Tu ne seras pas ma mère ! » Et elle ne l'a pas été. Le lendemain, elle se cassait une jambe !

1950. Alors que Marcel Carné me proposait un rôle dans *La Marie du port*, Marc-Gilbert Sauvajon, avec lequel je venais de tourner *Le Roi*, me demandait de travailler à nouveau sous sa direction dans *Mon ami Sainfoin*. C'est à ce dernier que je donnai la préférence.

Les cinéphiles pourraient s'étonner de mon choix. Mais dans *La Marie du port*, le rôle de l'épouse de

Gabin était vraiment très effacé, alors que celui de Nicole Courcel – rôle titre – retenait toute l'attention. Et puis les extérieurs se tournaient au Havre alors que ceux de *Mon ami Sainfoin* nous emmenaient en Italie. Vous comprendrez qu'entre Le Havre et l'Italie, je n'aie pas hésité une seconde ! De plus, pour tourner avec Carné, il aurait fallu que je sacrifie mes vacances sacro-saintes au Mas, avec Jeannot. Et puis le metteur en scène des *Enfants du paradis* avait la réputation de piquer des crises sur le plateau, tandis qu'avec Sauvajon, devenu un ami, tout se passait dans la gentillesse. D'ailleurs si *Mon ami Sainfoin* n'a rien d'un chef-d'œuvre, *La Marie du port* n'a pas laissé non plus un souvenir inoubliable dans le bilan de Carné.

Nous devions tourner *Mon ami Sainfoin* sur le lac de Côme. Outre mon grand copain Alfred Adam, j'avais pour partenaire Pierre Blanchar. Ce grand acteur dramatique n'avait pas du tout, dans la vie, le caractère de son physique tourmenté. Il était simple et naturel, et surtout, il adorait rire. Il avait même un côté enfantin. Cocteau l'avait surnommé « Œil d'aigle, cervelle de moineau » !

Paralysés par la pluie qui nous empêchait de tourner, au bout de quelques jours, le producteur a décidé d'abandonner Côme pour transporter notre équipe plus au sud, du côté d'Amalfi et de Positano, en espérant y trouver le soleil.

Pierre Blanchar était descendu de Paris avec sa grosse Rolls somptueuse, et il nous a proposé, à Alfred et moi, de faire le trajet avec lui. Voilà donc notre joyeux trio en route. Alfred et Blanchar avaient prévu un arrêt à Milan pour un bon gueuleton, dans un grand restaurant.

Après nous être attardés à table où je m'étais régalée de rognons, bien arrosés, nous avions décidé de faire étape à La Spezzia.

C'est là qu'au milieu de la nuit, j'ai été prise de vomissements abominables. Me sentant de plus en plus mal, je suis allée réveiller Alfred. Quelques instants plus tard, une ambulance m'emmenait à l'hôpital. Je devais être en piteux état, puisque leur première initiative, ça a été de faire venir un prêtre pour me donner l'extrême-onction. On cite encore, pour mémoire, le télégramme qu'a expédié Alfred Adam à Jeannot : « Sophie légèrement souffrante. Arrivez d'urgence. »

Franchement, on a cru que j'allais claquer ! Jeannot était au Mas. Il a sauté dans sa voiture. Dans l'espoir que cela accélérerait son passage à la douane, il a emmené avec lui le jardinier qui était italien. Il ne se doutait pas que le dénommé Saturne avait été, dans le passé, condamné à la prison. Vérifications des papiers… ils sont restés coincés pendant des heures.

Quand Jeannot est enfin arrivé à l'hôpital de La Spezzia, où l'on m'a admirablement soignée, j'étais sous perfusion. J'y suis restée quatre jours pendant lesquels j'ai perdu cinq kilos.

C'est seulement au bout d'une douzaine de jours qu'on m'a laissée partir. Jeannot ne m'a pas quittée.

Alfred et Pierre avaient rejoint l'équipe du film pour tourner les scènes dont je n'étais pas.

Nous avons été retrouver les Sauvajon qui s'étaient installés à Sorrente, dans un joli hôtel, entouré de vignobles. J'étais si affaiblie qu'on a établi pour moi des horaires spéciaux. Alors que les autres commençaient le matin très tôt, moi, je ne tournais jamais avant midi. L'ambiance était chaleureuse et tout le monde était à mes petits soins.

Marc-Gilbert Sauvajon voulait que le générique se déroule sur un baiser. En général, c'est sur un baiser que s'affiche le mot « Fin » d'un film. Mais là, c'était le contraire, on commençait par le baiser. Le générique durait dix minutes. Il fallait que le baiser dure autant. C'est long, très, très long, et même interminable, un baiser de dix minutes. Surtout si votre partenaire ne vous inspire pas. Or j'aimais beaucoup Alfred, mais pas sous cet angle-là.

On se tournait, on se retournait, on essayait de varier la position, et Alfred y mettait parfois un peu plus de fougue et de réalisme qu'il n'était nécessaire. Je ne faisais rien pour l'encourager, ni le décourager, car je ne voulais pas l'offenser non plus. Je me disais qu'en le laissant faire ça abrégerait mon épreuve. J'étais terrifiée à l'idée d'être obligée de recommencer.

Avant de faire du cinéma, quand je voyais à l'écran des amoureux qui s'embrassaient, je me disais : « C'est du chiqué. Ils font semblant ! » Eh bien ! avec *Mon ami Sainfoin*, j'ai appris, à mes dépens, qu'un baiser, au cinéma, ça pouvait être beaucoup plus pénible que dans la vie.

Le film terminé, c'est avec Jeannot que je suis repartie en voiture. Alfred Adam s'était joint à nous. Il prétendait que Jeannot avait la bouche en forme de guidon, et il l'avait surnommé « guidon de courses ». Il était surtout furieux qu'il refuse de lui confier le volant. Il boudait et maugréait, à l'arrière « Guidon de course ne me laissera pas le volant » ! Il était difficile, capricieux, gâté, il piquait de terribles colères et il devenait tout rouge. Il était aussi incroyablement radin. Il refusait toujours de se joindre à nous, quand nous allions souper après le spectacle. Mais il suffisait qu'on lui dise : « Viens, c'est moi qui t'invite ! » pour le faire changer d'avis.

Chaque fois que j'ai joué ou tourné avec lui, il était toujours mon mari… et cocu. C'était un acteur formidablement doué, intelligent et cocasse. Avec Pierre Dux, il a été un de mes partenaires préférés.

Au cours de la même année 50, et toujours sous la direction de Sauvajon, j'ai été la partenaire de Maurice Chevalier dans *Ma pomme*. J'avais déjà tourné avec lui, l'année précédente, *Le Roi*. C'était un homme pudique, et, dans le privé, très réservé. Il parlait d'ailleurs de l'amour d'une façon désabusée. Il trouvait que le contact d'un vieux corps avait quelque chose de dégoûtant ! Se sentait-il embarrassé par notre différence d'âge ? Sans doute. Il avait passé la soixantaine. Pour moi, Maurice Chevalier, c'était un monument historique. On ne se roule pas facilement des pelles avec un monument historique qui pourrait être votre père ! Lui et moi, nous étions, autant l'un que l'autre, pétrifiés de timidité. Aux rushes, nos baisers manquaient totalement de conviction. Et il fallait recommencer le lendemain avec la même appréhension. Pour ne guère mieux faire ! L'écouter chanter n'était pas facile non plus. Il me disait : « Accrochez-vous à mon œil, et le naturel viendra tout seul ! »

Pendant le tournage du *Roi*, aux studios de la Victorine, à Nice, Annie Ducaux, qui interprétait l'autre grand rôle féminin, est tombée malade. Étrangement, elle n'était pas couverte par les assurances. Comme moi je l'étais, les producteurs m'ont demandé de me faire porter pâle, jusqu'à ce qu'Annie soit rétablie.

Le médecin passait chaque jour m'examiner et ne comprenait pas de quoi je pouvais bien souffrir. Nous étions convenus de l'heure à laquelle il me rendait visite et, plusieurs fois, j'étais à peine revenue de la plage, pour m'allonger et lui jouer la comédie. Je ne suis pas sûre qu'il ait été vraiment dupe, mais comme il avait le béguin pour moi, il entrait dans mon jeu, et c'était l'essentiel pour couvrir les frais de la production interrompue.

Certaines scènes de *Ma pomme* ont été filmées en décors naturels, au collège de Bouffémont. C'était une institution ultra chic, pour jeunes filles. Quelle ne fut ma surprise d'y retrouver ma directrice de Neauphle, Mademoiselle Baillon, qui m'interdisait, du temps que j'étais pensionnaire, de me mettre du rouge à lèvres quand nous sortions le samedi. Comme en l'occurrence, pour le tournage, j'étais plus maquillée qu'au naturel, je la taquinais : « Vous voyez, Mademoiselle, maintenant, j'ai le droit de me maquiller ! »

Pour en revenir aux baisers de cinéma, quand j'ai tourné *Le Fils de Caroline chérie* avec Jean-Claude Pascal, ça a été encore pire qu'avec Maurice Chevalier et Alfred Adam.

Il était fort beau garçon, et même s'il n'aimait pas les femmes il était arrivé à simuler la passion avec d'autres partenaires que moi. Alors, que se passait-il ? Étais-je la responsable de ces déficiences ? Nos baisers étaient si gauches, si maladroits ! Les prises se succédaient, de plus en plus décevantes. Quand je pense à ce qu'on oblige les acteurs à faire aujourd'hui à l'écran ! Et moi, un simple baiser, je n'y arrivais pas !

1956. *Le Secret de sœur Angèle*. Je me suis toujours demandé pourquoi on avait pensé à moi pour ce rôle de religieuse. Le metteur en scène, Léo Joannon, prétendait que deux raisons déterminaient son choix : je ne me maquillais pas, et j'étais gaie. « Vous êtes naturelle, et les bonnes sœurs ne sont pas faites pour être compassées. » Il avait tort. Je n'ai pas bien joué ce personnage. À force de vouloir être sobre, je ne faisais plus rien du tout. Surtout auprès de Mary Marquet qui tenait le rôle de la mère supérieure. Dans un autre film, elle allait être ma mère. Je la connaissais depuis le Conservatoire. C'était une grande actrice, qui déclamait superbement les vers. Un de ses plus grands succès, au Français, c'était *La Rabouilleuse*, et elle m'avait éblouie dans un récital de poésies de La Fontaine. Elle était la maîtresse d'un ministre influent sous la Troisième République, ce qui décuplait son pouvoir à la Comédie-Française. Elle nous épatait tous. Madame Dussane la détestait. Non pas que Mary Marquet eût la moindre influence sur ses élèves, mais elle venait nous attendre à la sortie des concours, et elle nous emmenait au bistrot du coin de la rue de Madrid pour nous offrir un verre. « Vous avez encore bu avec la Marquet ! » grondait Madame Dussane.

Mon partenaire masculin, c'était Raf Vallone, un très bel homme, avec un regard clair, des yeux magnifiques. Il avait beaucoup de présence. Il se piquait d'intellectualisme, mais je crois qu'il était surtout doué pour l'amour. C'était un véritable Don Juan. Les femmes, et souvent ses partenaires, étaient folles de lui. Nous tournions à Marseille. Chaque week-end, il partait en Camargue et en revenait épuisé par ses conquêtes.

Le film terminé, je suis allée me reposer a Mégève où j'ai loué un très joli petit chalet. Raf est venu me rejoindre, en camarade, est-il besoin de le préciser. Il habitait à deux pas de chez moi. Nous faisions du ski tous les jours ensemble. Nous nous étions bien entendus dans le travail. Ce fut un prolongement sympathique de nos semaines de studio. Après quoi, nous nous sommes très vite perdus de vue. Je l'ai retrouvé pourtant, des années plus tard, à un festival de Cannes. Brièvement, nous étions à des tables différentes. Mais ça nous a fait plaisir, à lui comme à moi.

Dans la même année 56, j'ai tourné cinq films. C'est beaucoup ! Je n'en retiens que *Si Paris m'était conté* de Sacha Guitry. J'incarnais Rose Bertin, la modiste de Marie-Antoinette. Je n'avais qu'une scène à jouer, et cette scène consistait en un long monologue. Un joli texte, mais très dur à apprendre. Le jour venu du tournage, j'étais malade de trouille. Arrivée au studio, on me conduit jusqu'au maître. Il était souffrant, installé dans une petite voiture. Je balbutie : « Bonjour, maître. Comment allez-vous ? » Il me répond : « Comme sur des roulettes ! » Nous avons un peu bavardé. J'étais très intimidée. Mon père vouait un culte à Sacha Guitry, et j'avais été élevée dans cette admiration. M'enhardissant, je lui confie : « Il y a une chose de vous que j'aime beaucoup… c'est *Je t'aime* ! » Et Guitry de s'exclamer : « Elle me tutoie déjà ! »

Un an plus tard, il me demandait d'être l'interprète de : *Les trois font la paire* dont il avait écrit le scénario. J'y retrouvais comme partenaire Michel Simon, en espérant qu'il se tiendrait mieux sur le plateau qu'au Brésil. Guitry, de plus en plus atteint, aimait qu'avant de nous rendre au studio nous allions le matin, chez lui, avenue Élysée-Reclus, dans le bel hôtel particulier de son père, que la Ville de Paris n'a pas été capable de sauvegarder, pour répéter notre texte en sa présence. Michel Simon refusait, avec toute la grossièreté dont il était capable. « Ce vieux con, il m'emmerde ! » Philippe Nicaud et moi, nous nous astreignions à satisfaire notre auteur (ça n'a duré que deux ou trois jours !) Ça faisait tellement plaisir à Guitry ! Il était dans son lit, très marqué, très malade, mais si attentif. Nous passions avec lui une heure, environ. Quand nous avions terminé, il se penchait vers la petite lucarne ouverte au niveau de son oreiller et qui communiquait avec la chambre de son épouse, Lana Marconi. Il demandait : « Est-ce que tu trouves que c'est bien ? » et elle répondait, sans qu'on la voie jamais : « Oui, c'est bien. » Alors Guitry se retournait vers nous, pour nous répéter : « Elle vous trouve très bien. »

Personnellement, je n'ai pas à me plaindre de Michel Simon. Peut-être parce que je jouais un rôle de prostituée – ce qui m'amusait beaucoup plus que les bourgeoises évaporées qu'on m'attribuait en général – et que mon partenaire avait un faible pour les péripatéticiennes, il s'est toujours montré correct avec moi.

Jean de Baroncelli adressait à son épouse ce clin d'œil, dans sa critique du *Monde* : « Sophie Desmarets me surprendra toujours. Elle était bonne sœur il y a huit jours, et la voilà putain maintenant ! »

Je devais encore tourner dans un film à sketches avec Fernandel, *La Vie à deux*, une histoire scabreuse dont Sacha Guitry s'était déjà beaucoup servi : au théâtre, en 1922, sous le titre de *Le Blanc et le noir* que Marc Allégret portait à l'écran une dizaine d'années plus tard, avec Raimu qui avait créé la pièce.

Dans la version de 1958, Fernandel, qui, dans celle

de 31, tenait un petit rôle de cinq répliques, reprenait celui de Raimu, en vedette.

C'est hélas tardivement que j'ai connu Sacha Guitry. Je le regrette. Il m'a tout de suite bien aimée. Fidèle à ses acteurs qu'il savait si adroitement mettre en valeur, jusqu'à en exploiter les défauts à leur avantage, il m'aurait sûrement proposé d'autres rôles. Et mon palmarès ne s'en serait que trouvé mieux. Et, avec lui, j'aurais pris goût au cinéma. Peut-être...

1963. *Dragées au poivre*, mise en scène de Jacques Baratier. Un film à sketches avec Belmondo, Simone Signoret... Très amusant. À l'origine, mon rôle avait été écrit pour Jacqueline Maillan qui devait chanter une chanson. Alors c'est moi qui ai dû le faire à sa place :

Combien de popotins firent la gloire d'une femme
Celui de Cléopâtre, il affola Antoine...

Et j'énumérais tous les popotins qui avaient influencé l'Histoire...

De Funès faisait partie de la distribution. Je ne l'avais pas revu depuis 1948. Et après ça, je ne le reverrai plus avant sa mort. C'est ça, la vie d'artiste !

Dans *Toutes folles de lui* (1966) mis en scène par Norbert Carbonneau, avec mon cher Robert Hirsch comme partenaire, j'avais un très joli rôle, et comme l'opérateur était amoureux de moi, j'ai été photographiée admirablement.

Chaque fois que nous nous retrouvons, Robert et moi, nous sommes si heureux qu'on se demande comment nous pouvons nous passer l'un de l'autre. Et pourtant, nous ne nous voyons jamais. Robert, qui peut être génial de drôlerie, est aussi un grand angoissé. C'est un nocturne. Moi une couche-tôt. Il vit replié sur lui-même, et ne téléphone jamais à personne. Moi non plus. Alors voilà. On sait qu'on s'aime. Le reste n'a pas d'importance.

Un film qui repasse constamment à la télé, c'est *Le Mur de l'atlantique*, tourné en 1970. La dernière apparition de Bourvil. Cher Bourvil ! C'était un être rare. Jamais il ne parlait de lui. Il s'arrêtait de tourner tous les jours à cinq heures. Plus tard, on a su pourquoi. C'était pour aller se faire faire des rayons, car il était en radiothérapie. Un traitement qui, hélas, ne parvint pas à stopper le cancer qui devait le terrasser, peu de temps après.

Il y avait des scènes difficiles, où nous étions enfermés dans un bunker. Il avait mal au dos. Mais il ne se plaignait pas. Il ne pensait qu'à plaisanter. Il chantait, même.

J'avais fait sa connaissance vingt-cinq ans auparavant, pendant l'Occupation. Il passait dans une petite boîte du Faubourg Montmartre, et Sophrone était emballé par son numéro. Bourvil portait un smoking trop petit pour lui. Le veston étriqué, les manches et les pantalons trop courts, il imitait un péquenot dans une noce de campagne. Quand on voit un type qui chante comme ça dans un mariage, on a honte pour lui. Et la composition de Bourvil était hallucinante de vérité. J'en oubliais Bourvil, j'avais honte pour ce type, au point de le détester, à le voir se ridiculiser ainsi.

Il chantait :

Timichi de la Poupou, c'était son nom de famille
Timichi de la Poupou, c'était une fort jolie fille...

Et aussi :

Elle vendait des cartes postales, et aussi des crayons...

Je lui rappelais ces souvenirs de ses débuts, mon admiration et mes réticences. Je le faisais parler de sa carrière. Nous avions des tête-à-tête charmants. Il rechantait pour moi ces vieux couplets idiots avec une candeur, une timidité non feintes qui me faisaient fondre. Bourvil, c'était la merveille des merveilles. Pas cabot pour deux sous. Mon ami, le producteur Alain Poiré, disait toujours qu'il n'avait connu que trois comédiens qui n'étaient pas comédiens dans la vie : Bourvil, Michèle Morgan et moi.

Dans *Le Mur de l'Atlantique*, j'avais aussi des scènes avec Jean Poiret qui jouait le rôle de mon amant. Alors que nous avions formé le couple de *Fleur de cactus* en prolongeant parfois notre intimité hors de la scène, je ne sais quelle timidité nous paralysait. Le metteur en scène était obligé de recommencer plusieurs prises, tant nous avions l'air empotés dans nos scènes d'amour.

QUELQUES GALAS

Le premier gala auquel j'ai assisté, juste avant la guerre, c'était le Gala de l'Union des artistes.

Je devais avoir dix-sept ans. Nous habitions encore Suresnes.

C'est Charles Gombault, rédacteur en chef de *Paris-Soir*, qui avait téléphoné à papa pour m'inviter, en lui promettant de mc raccompagner. Gombault était alors marié avec une très jolie fille, Anita Palassine, qui avait les yeux de Liz Taylor. Aussi belle et gentille que bête, elle faisait beaucoup rire Jouvet. L'ayant côtoyée au Conservatoire, où elle était auditrice, avec l'ambition de devenir actrice, elle m'avait prise sous sa protection.

Je portais, ce soir-là, une ravissante robe longue blanche de Billiote de Crey, le couturier chic des jeunes filles, qui tenait boutique rue Boissy-d'Anglas, en face du *Crillon*. Maman me l'avait fait faire à l'occasion du mariage de ma cousine, à Nîmes, et c'était la seconde fois que je la mettais.

Nous étions dans une loge, avec Jean-Pierre Aumont et Blanche Montel, qui avait été une actrice en vogue, sur scène comme à l'écran, et l'épouse d'Henri Decoin, avant qu'il ne se remarie avec

Danielle Darrieux. Depuis, Blanche Montel entretenait une liaison presque officielle avec Jean-Pierre Aumont, qui était devenu la coqueluche de toutes les adolescentes depuis son succès dans *Lac aux Dames*. Plus tard, reconvertie, Blanche Montel fera partie de la fameuse agence CIMURA, et elle sera mon impresario, quand je me serai enfin séparée du sympathique et déplorable Paul Olivier.

Après le Gala de l'Union, Gombault nous a tous emmenés souper chez Maxim's. C'était la première fois que je mettais les pieds dans cet endroit mythique, où presque chaque table était occupée par des personnalités connues. La seule chose qui me surprenait un peu, c'était de voir Jean-Pierre Aumont piquer, dans le plat, les frites avec ses doigts. J'ai chuchoté à l'oreille d'Anita : « Tu as vu ? Il mange avec ses doigts ! » et Anita m'a répondu, d'un petit ton protecteur : « Ça se fait, dans le monde ! »

En 1948, l'hebdomadaire *Opéra* donnait un gala de réveillon au Palais-Royal. Les comédiens étaient invités à s'y produire dans la scène de leur rêve. Jacques Charon et moi, nous avions choisi d'interpréter un *Antoine et Cléopâtre* de Georges Courteline. Et nous avons fait, comme on dit, « un tabac ».

Au Gala de l'Union des artistes, en 1949, mon numéro de magie, avec Claude Dauphin, faillit tourner à la catastrophe. Je simulais d'être tombée en catalepsie. Mon partenaire devait alors m'élever horizontalement au-dessus du sol, et me faire passer à travers un cerceau de flammes. Le déroulement du spectacle avait pris beaucoup de retard. Pour tromper son ennui, Claude Dauphin buvait whisky sur whisky. Quand vint enfin pour nous le moment d'entrer en piste, il était ivre mort. Le tour de passe-passe consistait à introduire une colonne vertébrale en fer dans un fourreau dissimulé sous mon costume, pour assurer mon élévation. Dauphin, dans l'incapacité de trouver le trou dans lequel faire entrer la tige, s'y reprit à trois fois, et si Yves Robert, qui jouait son assistant, n'avait pas redressé son poignet d'une main ferme, il allait m'embrocher vivante !

À quelque temps de là, j'ai tourné un film à Nice avec lui, *Croisière pour l'inconnu*, et s'il ne m'a pas trucidée, Claude Dauphin ne s'est pas du tout montré un partenaire sympathique avec moi. Et dire qu'adolescente, je l'avais tant admiré dans *Entrée des artistes*... Les acteurs ne gagnent pas tous à être vus de près !

Au Bal des Petits Lits blancs, à Cannes, le 14 août 1949, je présentais le spectacle avec Jean Desailly. À la suite d'une erreur d'orientation des feux d'artifice, les étincelles retombèrent en pluie sur les tables. Des plastrons de smoking subirent quelques brûlures, et une odeur de roussi se dégagea alentour. Certains dîneurs paniquèrent. Le duc de Windsor ne fut pas le dernier. On le vit se réfugier sous sa table, non sans avoir pris la précaution d'emporter avec lui la bouteille de whisky.

Nuit de la Liberté à la Rose Rouge. Soirée du libre arbitre « désorganisé », sous la présidence de Cocteau. C'était en avril 1950. Le prix d'entrée était fixé à mille francs. J'exécutais un numéro de prestidigitation avec le magicien Michel Seldow.

Les sœurs Poliakoff (Marina Vlady, Odile Versois, Hélène Vallier) se lancèrent dans une imitation des

Peter Sisters, trois grosses chanteuses noires alors très en vogue, qui fut copieusement sifflée.

Un jeune auteur déguisé en officier allemand fit son apparition, à la stupeur générale. Sur la piste, on s'arrêta de danser. Comme on le priait de sortir, il protesta : « Quoi ? Ce n'est pas la nuit de la liberté ? »

Pour la sortie du film *La Belle Image*, d'après le roman de Marcel Aymé, un dîner de tête était organisé en 1952, à La Tour d'Argent.

J'avais demandé à Barillet et Grédy de m'y accompagner. Quelle ne fut la consternation de mes deux cavaliers, fringants dans leurs smokings, en me découvrant, quand ils vinrent me chercher. Très élégante dans une somptueuse robe du soir brodée que m'avait prêtée Balmain pour la circonstance, j'avais eu la joyeuse idée de m'écraser le visage en m'enfonçant un bas sur la tête. Persuadée que toutes les stars et starlettes rivaliseraient d'invention pour se faire des maquillages et porter des masques flatteurs, j'étais sûre qu'une telle originalité me distinguerait des autres, et, pour peu flatteuse qu'elle soit, amuserait l'assistance. Ce ne fut pas l'avis de mes jeunes auteurs. Ils refusèrent tout net. Nous transigeâmes et l'on finit par tomber d'accord pour faire notre entrée tous les trois, avec des fausses barbes, brune, blonde et rousse. Suzanne Flon avait eu la même idée. Elle se joignit à notre groupe, et les quatre barbus remportèrent un plus franc succès que toutes les ravissantes biches, les mignons lapins et les séduisantes licornes assemblés dans ce zoo parisien.

MA PASSION POUR LES CHATS

J'adore les chats. Ce sont des sphinx. Ils me fascinent. Je ne peux pas vivre sans chat. D'ailleurs, j'en ai toujours eu et aujourd'hui, dans la profonde solitude où je me trouve, malgré la présence de mes petits-enfants, c'est celle de ma Mousseline qui m'est la plus nécessaire.

Mousseline est une chatte très sauvage. Elle est ravissante, blanche, tachée de roux et de noir. Elle n'aime que moi, mais alors, d'un amour exclusif et exigeant. Elle ne me quitte pas. Comme je suis pratiquement tout le temps sur mon lit, Mousseline reste à mes côtés, regarde avec moi la télé, se blottit dans mon cou, retient ma main entre ses pattes, me regarde avec un amour infini pour vérifier que je l'aime toujours aussi, et, rassurée, elle cligne des yeux avant de les fermer pour s'endormir, en ronronnant. Je ne peux pas me passer d'elle.

Elle a succédé à deux superbes chats de gouttière, tigrés, offerts par un ami qui s'occupait de la SPA. Incertain de mes préférences en matière féline, il m'avait apporté deux autres chats blancs.

Sur ma première réaction : « Je les prends tous les quatre ! » Jeannot est intervenu avec fermeté : « Tu les prends et je m'en vais ! Ce sont les quatre chats ou moi ! »

J'ai argumenté, supplié, négocié, et Jeannot m'a accordé les deux tigrés, que nous avons baptisés Cosette et d'Artagnan. Et il les a aimés autant que moi. Il s'en cachait, mais il prenait soin d'eux, dès que j'avais le dos tourné. Quant à Mousseline, il en était fou. Il la nourrissait le matin, avant mon réveil. Elle est très capricieuse. À croire qu'elle est anorexique. Elle aime ceci un jour, et pas le lendemain. Soucieuse de son appétit, j'essaye pour elle toutes les spécialités mises dans le commerce pour exploiter la crédulité des acheteurs. Le vétérinaire m'assure que, de mémoire de vétérinaire, on n'a jamais vu un chat se laisser mourir de faim. Donc Mousseline me fait marcher. Elle a raison, je ne marche pas, je cours.

D'Artagnan avait de très beaux yeux, le regard de Gary Cooper. Il dressait sa queue comme si elle était secouée de décharges électriques. Il était obsédé sexuel et il essayait constamment de violer Cosette, alors qu'ils étaient castrés tous les deux. Cosette, qu'on m'avait présentée comme sa sœur, subissait ses assauts incestueux sans plaisir aucun. Elle me regardait, en ayant l'air de me demander : « Est-ce qu'il aura bientôt fini ? » Mais d'Artagnan était une grosse brute affectueuse qui n'avait aucun sens des nuances. Il n'était pas très intelligent. Cosette, toute en finesse, a été bien plus heureuse pendant les années où elle lui a survécu. Je crois que les chats préfèrent de beaucoup régner seuls. Quand ils ont perdu le privilège de faire l'amour, ils n'ont pas du tout besoin de leurs semblables.

Un soir, aux Vignes, Cosette n'est pas rentrée. Je me suis inquiétée. Indépendante comme tous les chats, elle aimait musarder dans le jardin, mais elle ne s'éloignait jamais très longtemps. J'ai eu beau l'appeler, elle ne revenait pas. La faim aurait dû la motiver. Je n'ai pas fermé ma porte-fenêtre, moi qui me verrouille toujours la nuit, et j'ai attendu le retour de ma Cosette, sans dormir une minute.

Le lendemain, elle n'était toujours pas là, et j'ai su que je ne la reverrais pas. Elle était vieille, et plus en très bonne santé. Je la conduisais de temps en temps chez le vétérinaire ; elle avait l'air de se maintenir et de prendre encore goût à la vie. Mais elle avait sans doute senti que sa fin était proche, et elle s'était retirée sans bruit. Les animaux ont de ces pudeurs mystérieuses. Cosette avait choisi de se cacher pour mourir. Les chats savent des choses que nous ne savons pas. Elle savait sûrement que je ne pouvais plus rien pour elle.

Pendant des jours et des jours, j'ai espéré son retour sans y croire vraiment. Mais, tous les soirs, j'errais dans le jardin, explorant des coins où je n'allais jamais, et j'appelais : « Cosette ! Ma Cosette ! Reviens ! »

Jeannot se demandait si je n'étais pas en train de devenir un peu folle. Mais il redoutait encore davantage que je retrouve son cadavre, et dans quel état ! Cette épreuve m'a été épargnée.

Cela me rappelle l'enterrement de Constance, que j'avais achetée pour ma fille Caroline, à un Salon des Chats, en 61.

Caroline était encore une petite fille, et Constance était venue directement à elle. Alors Caroline avait dit : « C'est celui-là que je veux ! »

C'était une ravissante petite Birmane, couleur de miel. Moi, j'aime mieux les chats de gouttière. Elle n'a pas été ma préférée. Mais Caroline l'avait choisie, et Constance a vécu harmonieusement son existence de chatte avec nous, aimée de tous. Pourquoi Constance ? Parce que c'était le nom que je portais dans *Adieu prudence,* et que nous pensions que son achat, qui coïncidait avec la création de la pièce, m'avait porté bonheur.

Un jour, Constance a disparu. Branle-bas dans l'appartement. Où pouvait-elle bien être ? C'était un dimanche, et j'avais matinée au Gymnase. J'ai donc dû partir travailler avant de l'avoir retrouvée. Cela me tracassait. Et tout à coup, en scène, j'ai eu comme une illumination. J'avais fait des rangements de placards le matin même, enveloppé des couvertures dans la naphtaline. Constance s'était sûrement glissée dans l'une d'elles. À l'entracte, j'ai tout de suite téléphoné à la maison. « Allez vite dans la lingerie. Je suis sûre que Constance est enfermée dans une housse en plastique, avec de la naphtaline ! » C'était exact. Depuis dix heures du matin, elle était endormie comme une momie. La naphtaline avait dû faire l'effet d'un somnifère. Elle empestait, mais elle avait très bien supporté ce petit séjour forcé.

Nous emmenions toujours Constance avec nous, à Préfailles et à La Paillade. Une année, où je l'avais devancé, c'est Jeannot qui s'était chargé d'elle. Je reverrai toujours son arrivée avec la chatte, accrochée à lui. Il n'était jamais parvenu à la faire entrer dans son panier. Il avait fait le trajet Paris-Montpellier avec la chatte en liberté, dans la voiture. L'enfer ! Il était hors de lui. « Plus jamais je ne voyagerai avec un animal ! » grondait-il. Naturellement, il n'a pas tenu parole.

Quand Constance est morte, j'étais seule à la maison. Je devais aller déjeuner chez les Poiré, près de Pontchartrain, et passer la nuit pas loin de là, dans ma maison de week-end, Les Joncs.

Constance n'allait pas bien depuis quelque temps. Au moment de partir, j'entends des hurlements dans la cuisine. C'était Angèle. Angèle a été à notre service pendant quinze ans. Elle faisait correctement son travail, et particulièrement bien l'échine de porc en cocotte. Jeannot et Caroline aimaient beaucoup Angèle. Pas moi.

À ses cris, je me précipite. « Constance est morte ! » m'annonce-t-elle, hoquetante, entre deux sanglots. Je la rabroue : « Ce n'est pas une raison pour faire tout ce cinéma ! », d'autant plus qu'elle n'avait jamais manifesté une affection particulière pour Constance. Angèle s'arrête net et pose sur moi un regard accusateur.

— Vous ne pleurez même pas ?

— Non, je ne pleure pas, mais ça ne m'empêche pas d'avoir du chagrin.

— Et qu'est-ce qu'elle va dire, Mademoiselle Caroline ?

— Mademoiselle Caroline est une enfant. Elle est à Cannes, avec son papa. Elle s'en remettra.

J'avais l'intention d'enterrer Constance aux Joncs, dans le jardin. Mais je ne devais pas y aller avant deux, trois jours. Je ne savais pas quoi faire de la dépouille de ma petite chatte, et pour qu'elle se conserve, je l'ai mise au réfrigérateur. Le lendemain matin, nouveaux hurlements d'Angèle, en faisant cette macabre découverte. Elle ameute Mimi : « Mimi ! Vous savez ce que Madame a fait ? Elle a mis Constance au frigidaire ! »

Je suis partie chez les Poiré avec Constance, enveloppée dans une serviette, et je leur ai demandé la permission de la mettre dans un de leurs frigidaires (ils en avaient deux) en attendant que je reparte pour les Joncs.

Une fois chez moi, seule, j'ai fait un trou profond à

grands coups de bêche, pour y ensevelir Constance. Avant de la mettre en terre, j'ai récupéré la serviette qui venait de chez Porthault et que je trouvais trop belle, et j'ai enseveli Constance dans un simple torchon. La sensiblerie, c'est un parasite du cœur.

L'autre nuit, j'ai fait un drôle de rêve. J'ai rêvé que c'était Mousseline qui m'enterrait. Peut-être parce que je ne veux pas lui survivre ? Mousseline sera mon dernier amour de chat.

EN TOURNÉE

Les tournées, c'est la grande solitude. Sauf pour les couples de comédiens. Mais quand on voyage seule, comme moi, c'est quelquefois difficile de tenir le coup. Il y a des moments où le cafard vous tombe dessus, dans votre chambre d'hôtel, entre deux valises à défaire et refaire. J'ai pourtant toujours eu la chance d'être bien entourée au cours de ces voyages. Des administrateurs aux petits soins pour moi, et des partenaires sympathiques. Être prise en charge, sans avoir à se soucier d'aucun détail matériel, cela a ses bons côtés. Mais des journées entières en car pendant des centaines de kilomètres... c'est monotone et éreintant, malgré la couchette qu'on avait aménagée à mon intention. Car jamais les représentations ne sont groupées par région. On sillonne d'un bout à l'autre la France, du nord au sud, et de l'est à l'ouest. Bien sûr, il y a le rendez-vous du soir, avec le public, toujours si chaleureux, en province, et qui fait oublier la fatigue...

Je n'en pouvais plus des restaurants. À peine arrivée dans la ville où nous allions jouer, je me mettais en quête d'un traiteur où faire mes petites provisions et rentrer souper dans ma chambre après la représentation. Je déballais mon dessus-de-lit et mes oreillers personnels, et je posais à mon chevet les photos de mon mari et de mes filles. Je me lassais des histoires d'acteurs, toujours les mêmes, que ressassaient mes compagnons de voyage en y prenant apparemment autant de plaisir, pendant des semaines, et, malgré la gentillesse qu'ils me manifestaient en général, je me sentais au milieu d'eux comme une étrangère.

Pour les hommes, il s'ajoute aux tournées le plaisir de la conquête. L'acteur conserve encore quelque prestige aux yeux de la dame de province...

Bien sûr, j'ai noué quelques amitiés, au hasard de ces tournées. Il y avait des étapes où je me réjouissais d'arriver. Chez moi, par exemple, à La Paillade où j'ai logé toute l'équipe d'*Hélène ou la joie de vivre*. Nous n'étions pas installés depuis longtemps. Il n'y avait pas encore l'eau courante, et il fallait monter des brocs dans les chambres. Louis Ducreux a levé un sourcil en découvrant ce manque de confort, mais tous les autres s'en sont facilement accommodés.

À Besançon, je descendais toujours chez Henri Weill, un fabricant en gros de prêt à porter, pour les grandes marques. Quel homme merveilleux ! Il adorait le théâtre, il s'est présenté dans ma loge un soir où nous étions en tournée dans sa ville. Il m'a invitée chez lui, dans sa magnifique maison, avec mes camarades. Le courant a passé entre nous et nous sommes très vite devenus amis. Chaque fois que je retournais à Besançon, avec d'autres spectacles, il n'était pas question que j'habite l'hôtel. Et nous étions toujours accueillis et fêtés chaleureusement par sa femme et lui.

Henri Weill était la gaieté, la légèreté mêmes. Il avait une adoration pour Charles Trenet dont il était un des plus vieux amis. Il connaissait toutes ses chansons par cœur. Évidemment, cette passion commune a contribué à nous rapprocher. Ah ! les bonnes soirées que nous avons passées chez lui ! Il est mort l'année dernière. Quand il était à l'agonie, Charles, très éprouvé lui-même, a voulu lui parler une dernière fois au téléphone, et il ne lui a survécu que quelques semaines.

De Beyrouth, je conserve un souvenir féerique. Nous habitions une sorte d'Eden Roc. Monsieur de Lamartine, diplomate très vieille France, nous a accueillis pour un souper d'ambassade, dans un petit palais où tout n'était qu'élégance et raffinement. Les Libanais étaient francophiles et francophones ; l'ambiance, chaleureuse. Les invitations pleuvaient. La vie semblait facile, harmonieuse. Un monde disparu…

Mais cela, ce n'était pas notre lot quotidien. C'était même l'exception. Rien ne ressemble davantage à un dîner à la préfecture qu'un dîner à une autre préfecture, même si on a changé de département !

J'ai joué partout, à Nouméa, à Tahiti, au Maroc, en Tunisie, en Algérie où l'atmosphère s'alourdissait. C'était le commencement de la guerre.

En Afrique noire, où les représentations se donnaient en plein air, les aborigènes montaient sur scène au milieu du spectacle, ils tournaient autour de nous pour nous voir de plus près, palpaient l'étoffe de nos costumes, nous photographiaient… Tout cela ne les empêchait pas de nous faire des ovations à la fin. Mais il faut avoir une certaine maîtrise de soi, pour jouer dans de telles conditions !

En tournée avec *La Jument du roi*, je pleurais tout le temps. C'était le résultat d'un abus de Maxiton. À Lausanne, il a fallu m'hospitaliser dans une clinique psychiatrique entourée d'un parc superbe, mais on ne me laissait pas libre d'aller m'y promener. Il n'y avait pas de poignées à la fenêtre, ni à la porte de ma chambre. J'y suis restée bouclée une dizaine de jours. Mais quand j'en suis sortie, je n'étais pas en état de reprendre, et on a annulé la tournée.

Si cela vous ennuyait tant, me direz-vous, pourquoi avoir fait autant de tournées ? Il est vrai que, depuis *Hélène ou la joie de vivre*, j'ai promené à travers la France et les pays francophones pratiquement toutes les pièces que j'ai créées. Alors, oui, pourquoi ? Primo : parce que les tournées me rapportaient beaucoup d'argent, et que de l'argent, j'en avais toujours besoin, étant passablement dépensière, et refusant de dépendre financièrement de mon mari.

Secundo : par honnêteté. Il me semblait normal de faire profiter, jusqu'au bout, des bénéfices d'une entreprise, ceux qui en avaient assumé les risques.

Tertio : apporter un plaisir évident à un public qui en était passablement privé, avant que la télévision ne vienne le servir à domicile, pour le meilleur et surtout pour le pire.

UN SÉJOUR EN URSS

En 1961, j'ai été engagée, avec Yves Robert, pour enregistrer à Moscou les commentaires et faire le doublage des dialogues de films soviétiques, sur la danse, destinés au *Kinepanorama* que dirigeait J.P. Mauclair.

J'aimais beaucoup Mauclair qui était également directeur de *Cinémonde*. À cette époque-là, nous nous voyions souvent. On se téléphonait presque tous les jours. Sans quoi, il n'aurait sûrement pas pensé à moi, qui suis une anticommuniste viscérale, pour aller passer six semaines en URSS.

Cela dit, la divergence d'opinions politiques n'a jamais entamé mes relations avec mes partenaires ni mes amis. Chez les acteurs, on pense plutôt à gauche, alors que je me situe à l'opposé.

Dans cette aventure, j'étais accompagnée par un homme avec lequel je m'entendais bien, le metteur en scène Robert Vernay, un excellent technicien, sous la direction duquel j'avais tourné à mes débuts *Le Capitan* et, par la suite, *Sacrées vacances* qui, de tous mes films, est sans doute celui qui a fait le plus d'entrées. Flanquée de deux enfants et de mon mari

(Pierre Destailles, un homme délicieux que j'avais déjà eu pour partenaire dans *Ma femme est formidable.* Compositeur à ses heures, c'est lui qui a écrit cette ravissante chanson : « *Tout ça parce qu'au bois de Chaville, il y avait du muguet...* »), cachés tous les trois dans un fossé, je faisais du stop en mettant en valeur le galbe de mes jambes, et quand un automobiliste s'arrêtait, ma petite famille surgissait, comme des diablotins sortant d'une boîte. C'était complètement piqué à *New York Miami* (*It happened one night*), le triomphe de Claudette Colbert et Clark Gable, mais ça n'en était pas moins efficace. À cette différence près qu'à moi ça n'a pas rapporté un Oscar, ni au film la consécration des cinémathèques. Nous tournions en extérieurs, sur un terrain de camping, pas loin de Nice. Comme Jeannot avait prêté Le Mas à Jules Dassin, j'habitais un grand hôtel qui domine Juan-les-Pins.

Après celui-là, j'ai encore tourné avec Robert Vernay deux ou trois fois, dans des entreprises de moindre importance. Il y a même un film, *Drôles de phénomènes*, que je ne voulais pas faire. Mais Vernay avait insisté : « C'est Pathé qui te demande. Si tu refuses, le film tombe à l'eau. Et j'ai besoin de travailler. » Tout cela pour dire que Robert Vernay et moi, nous nous connaissions très bien.

Notre petite équipe comprenait encore deux vrais militants de gauche : Yves Robert, que j'aimais pourtant comme un frère et dont le récent décès m'a profondément attristée, et le scénariste de *Jeux interdits*, François Boyer. Un personnage étonnant, celui-là. Il paraît que, maintenant, il est passé à l'extrême droite. Je leur disais : « Ouvrez les yeux ! Regardez autour de vous ! » À l'hôtel, il y avait sur le palier une mégère qui surveillait les allées et venues des clients, pour en rendre compte au KGB ! On n'avait pas le droit d'aller d'une chambre à l'autre. À force de gueuler, nous avions quand même obtenu de faire monter notre dîner dans la chambre de Mauclair, ou celle de Robert Vernay chez lesquels nous nous réunissions le soir, à défaut d'un restaurant convenable. Mais ça prenait des heures... comme pour le petit déjeuner, le matin. Le personnel s'en foutait, faisait la gueule. Ils nous regardaient de travers, partagés entre le soupçon et l'envie. Tout était sale, mal servi, mauvais. À chaque repas, c'était le menu de faveur pour étrangers, la côtelette Pojarsky. Il paraît qu'on était gâtés ! Je n'en pouvais plus, moi, de la côtelette Pojarsky ! Un jour j'ai dit :

— On est en Russie et je mangerais bien un peu de caviar !

— Rien de plus facile. Vous en aurez demain ! a fanfaronné François Boyer.

Mauclair et moi, on se réjouissait déjà. Et le lendemain, le petit Boyer nous présente fièrement une boîte microscopique de caviar dont on aurait pu compter les grains, pour se les partager. Devant notre mine déconfite, il nous a expliqué :

— Ils ont beau être très généreux, c'est impossible d'avoir une plus grande boîte !

— Eh bien ! c'est ce qu'on va voir !

Ce que je veux, en général, j'y arrive. Même en URSS. Je n'ai fait ni une, ni deux, j'ai pris un taxi jusqu'à l'aéroport où je n'ai rencontré aucune difficulté à acheter la quantité de caviar que je voulais, du moment que je payais en dollars !

À défaut de caviar, on se rattrapait sur la vodka. On a tous pas mal éclusé, pendant ce séjour. Mais il n'y avait rien d'autre à faire !

Un des seuls particuliers chez lequel nous ayons été invités, c'était un représentant de la Metro Godwyn Mayer. Je m'interrogeais sur ses réelles activités à Moscou. Il habitait avec sa femme, qui était russe, un petit appartement minable. Au cours du dîner, j'ai demandé à notre hôtesse comment elle faisait pour se ravitailler. Elle m'a répondu : « On se débrouille. Ce n'est pas toujours facile… Il y a une chose qui est devenue terrible : notre domestique veut manger de la viande comme nous ! » J'ai flanqué un coup de pied dans les tibias d'Yves Robert. Il n'a pas réagi. Entre les différentes catégories sociales (car elles existaient toujours, quoi qu'on ait pu dire, et davantage qu'ailleurs !) tout était cloisonné, verrouillé. Au studio, les machinistes ne prenaient pas leurs repas dans la même cantine que les acteurs. Les étrangers étaient séparés de leurs collaborateurs en dehors des heures de travail. Des petites qui nous servaient d'interprètes nous demandaient de leur procurer des bas, du rouge à lèvres… Elles n'avaient rien, rien… J'ai tout donné. Je suis repartie avec des valises vides.

Quand Gagarine est revenu de son premier tour spatial, à bord de son Vostok I, on s'attendait à ce que ce soit prétexte à une fête nationale. Eh bien ! il n'y a même pas eu un jour de congé. D'ailleurs, qu'est-ce qu'on en aurait fait ? Le printemps tardait à venir. On était en avril. Il faisait toujours froid, il neigeait… Les distractions étaient minces. À défaut d'autre chose, je marchais beaucoup. J'aimais bien me promener dans le cimetière d'une petite église, située de l'autre côté de la place Rouge. Et naturellement, j'allais traîner au Goum, la galerie commerçante d'État. C'était misérable, mais il y avait une sorte de dépôt-vente où, un jour, j'ai découvert une chose divine : une valise qui se transformait en table de toilette. Les quatre pieds, ravissants, se dépliaient, et tous les accessoires étaient en émail, style Fabergé. Je voulais absolument l'acheter. J'aurais pu, à condition que mon acquisition ne sorte pas du pays. Alors je l'ai laissée, et je suis rentrée les mains vides.

Notre travail terminé, Yves Robert a voulu prolonger notre séjour de deux semaines pour voir un peu plus du pays. Je suis restée avec lui pour aller visiter Saint-Pétersbourg qui s'appelait encore Leningrad. Toutes ces magnifiques façades de palais, la perspective Nevsky, la forteresse Saint-Pierre et Saint-Paul, la sublime église de Chesme… on n'en finirait pas d'énumérer tous les sujets d'émerveillement dans la capitale impériale. Mais je ne sais quelle chape d'ennui, de grisaille, de pauvreté enveloppait tous ces chefs-d'œuvre. Les gens avaient l'air si tristes, si pauvres, si malheureux. Ils traînaient tous un sac en plastique, éternellement vide, qu'ils espéraient remplir par je ne sais quel miracle et avec je ne sais quoi. Je me souviens d'avoir vu deux femmes ivres mortes se disputer un taxi, et rouler dans la neige, en se battant comme des chiffonnières. Et partout, il y avait la même âcre odeur de choux…

C'est sans regret que j'ai repris l'avion pour la France. De retour chez moi, pendant quelques jours, je ne me suis plus plainte de rien.

Quelque vingt ans plus tard, il m'est arrivé, à Nice, une mystérieuse aventure à laquelle je repense souvent, et j'en éprouve toujours comme un certain malaise.

J'étais en tournée avec *Peau de vache*. C'était avant le déjeuner, en mars. Je me trouvais seule, comme on peut l'être, à certains moments, en tournée. Je m'étais assise au soleil, sur un banc de la Promenades des Anglais, et je rêvassais. Ai-je senti une présence à mes côtés ? J'ai relevé la tête, et j'ai vu qu'un homme se tenait debout, près de moi. Cette présence m'a troublée, et j'ai regardé ailleurs. Mais aussitôt, je me suis dit : « Je le connais. Mais oui, bien sûr, c'est Robert Vernay ! » Le temps de me tourner à nouveau vers lui, il avait disparu. Pourquoi s'était-il approché de moi ? Et pourquoi ne m'avait-il pas parlé ? Il avait bien vu que je le regardais. Si je n'ai pas réagi instantanément, c'est parce que j'étais loin de penser à lui, que je n'avais revu depuis tant d'années.

Ça m'a beaucoup travaillé, cette apparition.

Le bruit courait qu'il travaillait pour les Russes, qu'il était une taupe.

Je n'ai plus jamais entendu parler de lui.

LES MAISONS DE CAMPAGNE...

Ma première maison de campagne était à Manou, près de La Loupe, dans le Perche. Je la tenais de mon beau-père, Jacques de Baroncelli. Lui-même l'avait achetée dans de curieuses circonstances. En 40, après la débâcle, il avait perdu le contact avec son fils mobilisé. Il savait seulement que son régiment s'était dispersé dans ce coin-là. Parti à sa recherche, dès qu'il a su qu'il était retrouvé, il a décidé d'acheter la première maison à vendre dans la région, pour lui porter bonheur !

Cette petite ferme, il ne l'a pratiquement pas habitée ; il n'y allait jamais.

Quand je jouais *Ninotchka*, j'éprouvais déjà un besoin d'air et de campagne, les jours de relâche, et à cet effet, « Baron » me prêtait sa maison de Manou. Je m'y plaisais beaucoup. La nature environnante était ravissante. Un jour, j'ai dit à Baron :

— J'aimerais vous acheter Manou.

— Excellente idée ! m'a-t-il répondu.

Le marché a été conclu si rapidement que j'ai réglé tout de suite le prix d'achat à mon beau-père, et que l'on a remis à plus tard la signature de l'acte.

J'ai meublé, décoré Manou avec Jeannot. Nous

avons trouvé chez un brocanteur du coin des lits ravissants. C'était ma première installation. Nous y allions beaucoup. Et puis brusquement, Baron est mort. Et c'est Jeannot qui a hérité de *ma* maison ! Cela n'a pas été trop difficile de régulariser les choses.

Après la mort de maman, *Kerr Jack-line*, à Préfailles, s'est trouvé dans l'indivision. Plutôt que de partager la maison, j'ai proposé à mon frère Jacques de lui céder Manou en échange de sa part. Cet arrangement lui convenait et l'affaire a été conclue. Nous avons déménagé si vite que Sophrone, qui venait nous voir à Manou, m'a toujours reproché d'avoir laissé à mon frère sa collection de soldats de plomb qu'il y avait apportée, Dieu sait pourquoi, et qui a disparu quand Jacquot a vendu à son tour la maison.

Après avoir passé en vain le mois de juillet 57 au lit pour ménager ma grossesse dans l'espoir de donner un petit frère à Caroline, je fis une dernière tentative six mois plus tard, qui se solda par une autre fausse couche. L'enfant fût-il venu au monde que ç'aurait été une fille. Après cet ultime échec, il fallut bien se faire une raison. Je ne donnerais pas d'héritier mâle à la famille Baroncelli.

Cette déception, que partageait Jeannot, me laissait désemparée, déçue, épuisée. J'éprouvais un impérieux besoin de campagne. Entre la poussière des studios le jour, et celle des théâtres le soir, j'avais l'impression d'asphyxier. Jeannot me suggéra d'acheter une maison de campagne, pas trop loin de la capitale, où je pourrais aller me « ressourcer ».

Entre Gambais et Houdan, à soixante-cinq kilomètres de Paris, la distance idéale, nous avons découvert Les Joncs, une charmante fermette, qui n'était pas sans me rappeler Manou, entourée d'un jardin bien planté, pas trop grand, située en pleins champs. Cette retraite a été un immédiat dérivatif à mes soucis et à mes angoisses. Pendant plus de trente ans, j'y ai trouvé refuge quand j'étais fatiguée, quand je sentais que les choses ne tournaient pas rond. J'y étais coupée de tout. Et je pensais à autre chose. Ou plutôt, j'arrivais à ne penser à rien. Je jardinais, je repeignais les volets, je m'occupais de cent manières, et sans jamais m'ennuyer.

Quand je jouais au théâtre – ce qui a été mon sort, pendant la majeure partie de ma vie –, la veille des jours de relâche, je partais de nuit, la représentation terminée, directement pour Les Joncs, et j'y restais jusqu'au surlendemain. C'était presque des petites vacances...

Je n'en menais pas large, quand j'arrivais seule, à une heure du matin, pour ouvrir la maison, dans cette campagne déserte, proche du lieu où Landru avait estourbi scs victimes ! Jeannot ne m'accompagnait pas toujours. Il avait des articles à écrire, des films à voir... Mais pour moi, c'était une ligne de conduite, ma discipline.

Toute la période de l'aménagement m'avait beaucoup divertie. J'apportais un soin particulier au choix des tissus. J'adore les tissus d'ameublement. À un moment, j'ai même travaillé pour les tissus Paule Marrot. J'ai fait des sélections pour les nappes, les rideaux. J'ai dû m'arrêter, car je ne peux pas faire les choses à moitié, et cela me prenait trop de temps. Mais ça m'amusait beaucoup.

S'installer, c'est toujours le moment le plus exaltant à vivre dans une nouvelle demeure. Après cela, viennent les habitudes, la routine, les soucis. Mais quand on choisit la couleur des murs, un canapé, les éclairages, c'est avec l'espoir secret que ce cadre rêvé va attirer le bonheur, et qu'on s'y sentira mieux qu'ailleurs. Et je peux dire que Les Joncs, c'est une maison qui a tenu ses promesses. C'était un petit coin de campagne française harmonieux et banal, comme je les aime, un havre de paix, de repos, et qui n'a été marqué par aucun événement particulier... à part le premier mariage de ma fille Catherine. Un mariage champêtre dont j'aurais pu m'épargner les frais. Ça a tenu six mois ! Du moins la fête a-t-elle été très réussie !

Les Joncs, ça a été la première maison que je me sois personnellement choisie. Quand je m'en suis séparée, à regret, elle avait perdu sa raison d'être. Nous nous partagions entre Paris et le Languedoc où le climat est plus clément, je ne jouais plus au théâtre, j'étais moins stressée, je n'avais plus ce besoin urgent d'air pur et de solitude.

À Mougins, j'avais habité Le Mas, mais là, c'était chez mon beau-père, Jacques de Baroncelli. C'était une grande villa dont toutes les ouvertures étaient en formes arrondies, style faux provençal, avec des boiseries marron foncé, meublée en rustique... atroce ! J'avais bien essayé d'améliorer quelques chambres, mais c'était inarrangeable. En revanche la vue était superbe, mais c'était bien tout. Et je déteste les trop belles vues. Aussi, quand Jeannot a hérité de La Paillade, je l'ai vivement encouragé à liquider Le Mas, pour nous y installer.

Pour moi, La Paillade, c'était une demeure féerique. Pas pour son nouveau propriétaire qui n'en mesurait que les charges qui, selon lui, l'emportaient sur l'agrément.

La Paillade, c'était avant tout un domaine viticole de

trois cents hectares dont cent de vigne plantée qui employait douze hommes à l'année. Et mon mari n'avait vraiment rien d'un gestionnaire. Il détestait la vigne, il détestait la terre, il détestait la province. Mais j'ai su le convaincre, et j'ose croire qu'il n'a pas regretté les années que nous y avons passées.

C'est moi qui ai remis en état cette grande demeure vétuste qui n'avait pratiquement pas été habitée depuis l'Occupation, mais je l'ai conservée dans son style, avec son beau mobilier Napoléon III, sa borne capitonnée au milieu du salon...

Avant de me connaître, Jeannot, héritier de La Paillade, en laissait plus ou moins la jouissance à sa mère. Il fallait donc que le fils fasse preuve d'une certaine diplomatie pour introduire dans la place une nouvelle venue qui risquait de passer pour une rivale dont l'ambition serait de l'y supplanter.

Madame de Baroncelli, née Marguerite de Mont de Benque, d'une honorable famille fauchée, vivait séparée de son mari, l'infidèle Baron. Après avoir contracté un second mariage, elle se retrouvait veuve.

Son frère avait décroché le magot en épousant une dame qui fournissait en cierges la ville de Lourdes, commerce ô combien lucratif dont elle tirait de très confortables revenus. Après qu'elle eut perdu son époux, cette dernière se sentit bien seule, sans enfant, ni famille proche. Baron, en père soucieux d'assurer l'avenir de son fils, manœuvra habilement. La négociante en bougies était un peu snob, et fière de son nom à double particule. Baron introduisit sa belle-sœur dans la haute société languedocienne, et quand elle y séjournait, lui rendit fréquemment visite avec son petit Jeannot, à La Paillade, dont elle était propriétaire.

Tant d'attentions portèrent leurs fruits. Avant de rendre le dernier soupir, elle rédigeait un testament en faveur de Jean de Baroncelli qui n'était que son neveu par alliance.

Du jour au lendemain, ce jeune romancier se trouvait à la tête d'immeubles, de propriétés, d'un portefeuille bien garni… bref, il était un homme riche.

Lorsque je l'ai connu, sa fortune était récente. Il était normal que le pactole provenant indirectement du côté maternel, Jeannot fît profiter de ses nouvelles ressources sa mère, qui vivait modestement. Il arrondissait la pension que lui versait Baron, et la laissait veiller au bon fonctionnement de La Paillade pendant la période des vacances. Je m'effaçais, encore que son habitude provinciale de faire servir les légumes après le plat de viande, m'énervât passablement. Mais je ne voulais pas provoquer des histoires pour si peu. Baba – Jeannot l'appelait Baba, et j'en ai très vite fait autant – était une charmante dame âgée, très discrète, et qui, à l'occasion, aimait les histoires un peu lestes. Sa propre mère, veuve, avait adopté après la guerre de 14-18 un neveu qui aurait pu être son fils, et qui devint très vite son amant. Il le resta toute sa vie. Ce fut même sa seule occupation ! Quand je les ai connus, elle était une très vieille dame, peinte comme une roue de carrosse, et lui, qui n'était plus très jeune non plus, et d'un physique plutôt ingrat, la couvrait goulûment de baisers, en l'appelant : « Ma Bouboum ! » Jeannot était horriblement gêné du manque de tenue de sa grand-mère terrible devant moi !

En ce qui concerne Baba, je n'ai jamais eu le moindre problème avec elle. Et tout le monde s'entendait très bien.

Nous avons connu vraiment des vacances épatantes, à La Paillade. Pendant l'été, la maison ne désemplissait pas. On utilisait le grand bassin comme piscine, bien qu'il ne fût pas très profond. L'eau vous arrivait tout juste à la taille. Les risques de noyade étaient réduits, et l'on barbotait plus qu'on ne nageait. Les enfants s'amusaient comme des fous. Tous les ans, il fallait vider ce lac artificiel pour en nettoyer le fond. C'était un travail titanesque que j'étais souvent seule à assumer. Je frottais et récurais le ciment à l'eau de Javel avec une brosse en chiendent pendant une semaine ! Il y avait aussi un tennis. À la fraîche, on faisait des parties de pétanque, avant le pastis du soir. Les repas se prolongeaient tard, sur la terrasse… Le grenier regorgeait de malles remplies de vêtements de la vieille tante. Nous en profitions pour organiser des bals costumés. Jeannot adorait se déguiser. Je le revois, en bébé Cadum…

Au moment où la guerre d'Algérie a commencé de mal tourner, les pieds-noirs ont afflué dans notre région dont le climat était proche du leur. Jeannot, de plus en plus fatigué de ses responsabilités de propriétaire, a vendu la majorité de ses terres et de ses vignes, pour ne garder que cinquante hectares de garrigue, protégeant la propriété. Un marchand de biens lui avait pourtant conseillé de tout conserver. « Placé comme vous l'êtes, à huit kilomètres de Montpellier, d'ici quelques années, ce sera la banlieue. L'hectare constructible vaudra une fortune…. »

Ce qui devait arriver arriva. La migration des rapatriés d'Algérie devint massive. Il fallait construire, créer des logements. La Paillade n'était pour nous qu'une résidence secondaire. Malgré toutes les démarches que nous avons pu entreprendre, les appuis d'amis haut placés, nous n'avons pas pu éviter l'expropriation, contre une bouchée de pain. Six cent mille francs ! C'est tout juste si l'on nous a laissé la maison et le parc clos de murs, que l'environnement rendit très vite inhabitable.

La Paillade fut cernée par un chantier grouillant d'activité où l'on voyait de tous les côtés pousser des tours. Pour accélérer les travaux, les équipes tournaient vingt-quatre heures sur vingt-quatre, la nuit sous l'éclairage de puissants projecteurs. Le bruit était assourdissant, la poussière recouvrait tout comme une tempête de sable… mais je m'accrochais, je refusais de me laisser chasser de chez moi.

René Clair nous disait : « Il vous suffit d'imaginer que vous êtes à Central Park ! » Notre vieille bâtisse, dans son parc qu'enserraient les gratte-ciel, ressemblait plutôt à un dessin de Sempé. Les fenêtres d'immeubles étaient braquées sur nous comme autant d'yeux. On pouvait nous observer de partout.

On crut le calme revenu, une fois les travaux terminés. C'était un leurre. En l'espace d'un an, nous avons subi plus d'une douzaine de cambriolages. Mais je ne cédais toujours pas. Alors on nous y obligea. Monsieur Frèche, le maire de Montpellier, est venu personnellement un jour nous expliquer qu'il ne pouvait pas faire autrement que de nous laisser expulser du domaine privé qui ne l'était plus guère, pour en faire je ne sais quel centre de loisirs du troisième âge, ou autre faribole.

Un avocat célèbre nous extorqua, pour n'obtenir aucun résultat, des émoluments faramineux.

En fin de compte, il nous fallut plier bagage. Je crois que Jeannot en éprouva quelque soulagement. Et moi, beaucoup d'amertume.

La Paillade, aujourd'hui, c'est une ville de trente mille habitants qui ressemble à toutes les cités de HLM du même genre, inhumaine, dégradée sans avoir eu le temps de vieillir, et vouée tôt ou tard à la destruction. De ce côté-là, ça ne sentira plus jamais le thym et la lavande, comme aux temps heureux où on n'y entendait que le chant des cigales.

J'ai mis du temps à faire mon deuil de La Paillade. J'avais toujours pensé qu'un jour, ce serait là que nous nous retirerions.

Quand je l'avais découverte, je me souviens d'avoir même proposé à Jeannot d'abandonner le théâtre, et de quitter Paris pour nous y installer, tant j'étais tombée amoureuse de cet endroit. Mais, pour lui, il n'était pas question de se consacrer à la vigne. Les petites vendeuses des magasins des Champs-Élysées lui auraient trop manqué !

Mais nous aimions le Languedoc, son climat. Nous y avions beaucoup d'amis. Si mon mari n'envisageait pas de prendre sa retraite en province, il était tout disposé à y passer la moitié de l'année, et à profiter de la clémence de son climat pendant les plus mauvais mois.

Nous avons donc cherché dans la région une maison de campagne moins lourde à entretenir que La Paillade. Le vieux mas dont je rêvais s'avérait introuvable. En revanche, on nous proposa une villa moderne, à proximité de Montpellier. Se déployant sur un rez-de-chaussée coiffé d'une tour, ce bâtiment, sans caractère, présentait l'avantage d'être parfaitement fonctionnel. Un grand jardin, agrémenté d'une belle piscine, et entouré d'une pinède, l'isolait d'un voisinage invisible, mais rassurant.

Nous nous sommes décidés très vite. C'était habitable du jour au lendemain. Les quelques meubles récupérés de La Paillade et des Joncs y ont trouvé leur place. J'ai couvert les murs crépis de plantes grimpantes, disposé des vases d'Anduze garnis de géraniums aux quatre coins de la piscine et tout au long de la terrasse, et nous avons conservé à notre nouveau havre de paix son nom : Les Vignes, bien que nous les ayons remplacées par des oliviers.

Jeannot s'y est tout de suite plu. Il a retrouvé ses habitudes. Le matin, il descendait au proche village de Prades-le-Lez, pour acheter ses journaux et choisir des fruits. Puis il s'installait au bord de la piscine, et risquait un bain dans une eau qu'il trouvait toujours trop froide. Après le déjeuner, il s'isolait dans sa tour, où il s'enfermait jusqu'au soir pour travailler, lire et être tranquille. Moi, je jardinais la plupart du temps. Les enfants, petits-enfants descendaient en famille au mois d'août pour deux ou trois semaines. La maison surpeuplée résonnait de cris et de rires. Comme nous le faisions à Préfailles et à La Paillade, nous nous attardions pour les repas autour de grandes tablées de vacances. Et puis, comme un vol de moineaux, tout le monde se dispersait et Les Vignes retrouvaient leur calme.

Cela a duré dix ans, à peine.

Maintenant, j'appréhende d'y aller seule.

Puisque je parle de nos résidences secondaires, pourquoi ne pas inclure celle dont j'ai rêvé, et que je n'ai jamais eue ?

Lorsque nous passions des vacances à Majorque, chez Andrée Debar, nous aimions tellement cet endroit que nous envisagions d'y acquérir notre propre maison, si jamais l'occasion s'en présentait. Justement, elle se présenta. Un terrain de cent cinquante mètres carrés, voisin immédiat de la propriété de nos amis, en bordure de mer, avec accès direct à la Caletta, était à vendre. Nous n'avons pas hésité un seul instant. Jeannot et moi, nous nous sommes mis d'accord. Selon notre habitude, nous achetions ce bout de terre, en commun, moitié-moitié.

Il fallait que je rentre à Paris pour répéter, et c'est Jeannot qui prolongea son séjour majorquin, le temps de régulariser l'achat auprès d'un notaire. Ce genre de tractations était alors irrégulier aux yeux de la loi française. Jeannot laissa les papiers dans le coffre d'Andrée, là où elle-même rangeait les siens. Chaque fois que nous sommes retournés à Santa Ponsa, les étés suivants, je posais la question à Jeannot : « Quand est-ce que nous allons faire construire ? » et chaque fois, la réponse était : « L'année prochaine... » Je ne souhaitais qu'un bungalow, très simple, mais non, mon mari remettait toujours à plus tard... Pourtant, il me semblait urgent de se décider, car Dédée en prenait à son aise. Elle se débarrassait de toutes ses ordures sur notre terrain, en passe de devenir une décharge !

Et puis Roger Duchet est mort. Dédée a été désespérée, et son équilibre psychique s'en est trouvé ébranlé. Elle ne voulait pas retourner à Santa Ponsa, de crainte de se voir confrontée aux souvenirs de son bonheur passé.

Elle nous prêta la maison où nous avons séjourné seuls, encore une fois. Bien entendu, nous n'avons pris aucune décision, ni même rapporté les actes d'achat du terrain. Jeannot refusait absolument de courir le risque de se les voir saisir à la douane. Il décollait un avion tous les quarts d'heure pour la France, les bagages n'étaient jamais fouillés, et quand bien même, que risquions-nous ? Étions-nous seulement en infraction ? Mais ça, c'était Jeannot. La peur des ennuis...

Quelque temps passa encore. Un jour, le fils de Roger Duchet nous téléphona pour nous avertir qu'on construisait sur notre terrain ! La Caletta, quasiment à l'abandon, avait été squattée, vandalisée. On ne retrouvait plus aucun papier.

Jeannot refusa de se rendre à Majorque. Il ne se rappelait ni du nom du notaire, ni du village où se tenait son étude. « Vas-y, toi ! » me disait-il. J'en savais encore moins que lui, je ne parlais pas l'espagnol... Un cousin avocat proposa de prendre les choses en main, et très vite, il laissa tomber. Il ne pouvait rien faire.

L'affaire du terrain de Majorque a longtemps été un sujet de discussion sensible entre moi et Jeannot. Et puis, nous avons fini par n'y plus penser. C'est égal ! Il arrive qu'on perde ses clefs, sa carte de crédit, un parapluie... mais un terrain ? À ma connaissance, nous sommes les seuls.

Il y a des amis qui s'identifient tellement à leurs demeures, fidèles reflets de leur personnalité, que je ne sais trop s'il faut en parler au titre de l'habitat ou de l'amitié, car les deux, dans mon esprit, se confondent.

Philippine de Rothschild est une nature généreuse, crépitante de vitalité et d'intelligence. Je l'ai connue comédienne. Nous avons même tourné ensemble et c'est là que j'ai pu apprécier ses qualités humaines. Elle a dû renoncer à un métier qu'elle adorait pardessus tout, pour reprendre le flambeau familial, à la mort de son père. Elle règne maintenant sur Mouton Rothschild qu'elle représente, avec beaucoup de courage et de talent, aux quatre coins du monde ; mais là où elle est vraiment elle-même, c'est au cœur de son vignoble, dans son domaine de Mouton.

Ne nous attardons pas sur l'imposant escalier de Grand Mouton, traversons l'immense galerie-salon où se marient, dans une audacieuse alchimie, objets modernes et anciens, et dont les fenêtre en demi-lune s'ouvrent sur un superbe horizon de vignes qui remontent comme des vagues vers la propriété ; émerveillons-nous un instant devant la théâtralité disproportionnée de la bibliothèque, un peu davantage sur la richesse des trésors du musée, la noblesse des bâtiments, ou encore le raffinement exquis, le confort sans apprêt, l'originalité, le charme désuet, très comtesse de Ségur de Petit Mouton... Je ne suis pas en train de rédiger un article pour *Architectural Digest.* Non, ce que je veux dire, c'est que pour avoir visité pas mal de belles demeures, celle-ci ne ressemble vraiment à aucune autre, qu'on y respire un air particulier, qu'aucune pompe ne vient figer tant de somptuosité, qu'un certain désordre bon enfant y casse l'ordonnance qu'impose souvent trop de luxe. Je m'y sens bien, à l'aise, pas intimidée pour un sou. En cela Mouton, dont Philippine perpétue la tradition, lui ressemble. C'est une maison amie, dont l'hôtesse et le décor sont également accueillants.

Dans un autre style, je pourrais en dire tout autant du château de Bellerive où le prince Sadrudin Aga Khan et sa femme Catherine me reçoivent toujours avec une royale simplicité.

Posé au bord du lac de Genève, le château est une grande bâtisse d'une austérité un peu toscane, entourée d'un parc magnifique. Tout y est d'une harmonie calme, et d'une noblesse librement contrôlée.

A l'intérieur du château, c'est la caverne d'Ali Baba. Ce ne sont que collections, de la plus grande variété, et réunies avec amour, de la miniature orientale à l'étui à cigarettes 1900. C'est dire que la fantaisie y prédomine, et qu'une pièce d'une valeur inestimable y côtoie un objet auquel seul le choix du prince a donné son prix. Cette liberté où s'impose la personnalité des hôtes, plutôt que celle du décorateur, ôte tout classicisme à une demeure aussi solennelle qu'un musée, quand on y pénètre. Un des agréments consiste à changer de chambre à chaque séjour. La chambre aménagée autour du thème de la girafe est un enchantement rempli de surprise ! Mais cette oasis semblerait sans doute un peu vaine et par trop éloignée de la vie réelle, si Sadri et Katy n'étaient pas d'infatigables et généreux humanitaires, d'ardents protecteurs de la nature, de farouches amis des bêtes, qui vous entretiennent avec passion de leurs combats – ce qui n'empêche pas le prince de bien aimer les petites histoires grivoises, et que, sans souci de la moindre étiquette, on peut rire à gorge déployée autour de sa table.

S'ils sont végétariens et se nourrissent souvent d'une feuille de salade, leurs invités ont droit aux mets les plus raffinés du monde.

Vous comprenez, maintenant, pourquoi j'aime à faire des petits séjours au château de Bellerive où le cœur préside au spectacle de la beauté ?

« QUE SONT MES AMIS DEVENUS ? »

André Col avait une joaillerie avenue Victor-Hugo. C'est le bijoutier qui a été le plus cambriolé de Paris. Et Tony Meyer était fabricant de chaussures. Il appartenait à la grande bourgeoisie juive.

Pendant des années, Tony et André, qui se connaissaient à peine, et qui ne seront jamais liés, ont été tous les deux des amis très chers pour moi. Je les voyais tout le temps, et sans que je sache comment ni pourquoi, la vie nous a séparés.

André Col avait des cheveux blancs et il ressemblait un peu à Peter Lorre. J'avais fait sa connaissance tout de suite après la guerre, par des amis de Sophrone qui formaient une petite bande : Christian Martel qui appartenait au groupe Alsace, et Roger Mitchel, le premier Français parachuté d'Angleterre pour apporter des fonds aux Maquisards. André était un homme amical et chaleureux, toujours de bonne humeur, et généreux.

Tony, je l'avais connu également par Sophrone, mais beaucoup plus tôt, en 39. Je me confiais à lui. Quand j'hésitais à me marier, c'est lui qui m'a poussée à le faire. « Sophrone est un brave garçon. Ce ne sera sûrement pas un bon mari, mais tu t'ennuieras moins avec lui que chez ta mère ! »

Paris occupé, Tony s'est décidé à quitter la France.

C'est l'amant de son ex-femme Sabine, un officier allemand, qui a tout arrangé pour l'aider à partir.

La veille de son départ pour l'Espagne, nous avons dîné ensemble au Toot's Bar. J'habitais encore chez papa-maman. Tony m'a accompagnée jusqu'à la station Havre-Caumartin où je prenais le métro pour descendre à Malesherbes, et il m'a dit : « On ne va pas se revoir pendant longtemps. Tu permets que je t'embrasse ? » C'est le seul baiser qu'il m'ait jamais donné, mais c'était un baiser révélateur. Avant ça, je ne m'étais pas doutée qu'il pouvait être amoureux de moi.

Je l'ai retrouvé quelques années après la guerre. Divorcée de Sophrone, j'étais remariée avec Jeannot. Tony avait aussi refait sa vie avec une gentille fille qui s'appelait Raymonde. Elle lui avait donné un fils, un petit Alain, Alino.

Il avait eu des nouvelles de son sauveur, l'officier allemand qui, paraît-il, était venu en aide à beaucoup d'autres juifs, et qui s'en était lui-même bien sorti.

Nous avons repris l'habitude de nous voir souvent, avec Tony. Quand je jouais *Hélène ou la joie de vivre*, le dimanche, entre la matinée et la soirée, j'allais faire une belote chez lui, à l'angle du boulevard Saint-Germain et de la rue du Bac. Son appartement était rempli de beaux tableaux et de meubles Régence, comme on en voit chez les grands antiquaires du quai Voltaire.

La dernière fois que nous nous sommes rencontrés, par hasard, c'était à Drouot. Je ne l'avais pas vu depuis longtemps. J'ai trouvé qu'il avait beaucoup vieilli. Il était devenu sourd.

Je pense à la chanson de Léo Ferré *Pauvre Rutebœuf* : « Que sont mes amis devenus... » et ça me flanque le cafard.

Ceux que je n'ai pas laissés tomber, ils sont morts. Alain Poiré, le producteur de la Gaumont. J'étais sa confidente. Il me confiait des tas de secrets, et je savais me taire. Yvette, sa femme, s'est toujours tenue à ses côtés avec constance et discrétion. Elle vit son veuvage avec une simplicité exemplaire. Nous avons conservé les mêmes habitudes. La plupart des week-ends, je vais les passer dans leur belle propriété du côté de Pontchartrain. En février, Yvette m'accueille à Montana où, jadis, nous partagions notre temps entre le ski et les parties de gin-rummy. Si aujourd'hui nous avons renoncé au ski, les cartes nous occupent toujours autant. Avant, c'était surtout avec Alain que je jouais. Maintenant, c'est avec Yvette qui, par tous les moyens, lutte courageusement contre la mélancolie. J'essaye de l'imiter. Mais nous sentons toujours la présence d'Alain, à nos côtés. Et son souvenir nous rapproche.

Avec René Clair qui passait pour misogyne, nous étions sur la même longueur d'ondes. J'ai adoré René, nous avons ri comme des fous ensemble, et quand il était vraiment très malade, j'arrivais encore à le faire rire. Je n'ai jamais travaillé avec lui. Il avait bien pensé à me donner un rôle dans *Les Belles de nuit*, mais, pour changer, j'étais enceinte à ce moment-là. Cela aurait-il ajouté quelque chose à nos relations ? Si j'ai admiré sans réserve le grand metteur en scène qu'il était, c'est avant tout l'homme que j'aimais en lui, et dans le domaine de l'amitié, il ne pouvait pas me donner davantage.

J'ai beaucoup aimé Sophie Bleustein-Blanchet. Elle était blésoise, comme les Tabarly grâce à qui j'avais fait sa connaissance. Elle n'était pas encore mariée. Petite fille du grand communard Édouard Vaillant, elle s'appelait Sophie Vaillant. C'était une femme superbe et elle gagnait sa vie comme mannequin. Bonne vivante, elle aimait bien boire et bien manger. Elle était drôle et même boute-en-train. Nous avions tout pour nous entendre. Et dire que, dans ses dernières années, elle est devenue complètement neura ; elle qui mordait dans la vie à pleines dents, il paraît qu'elle a fini par en perdre complètement le goût… et pourtant, elle avait, comme on dit, tout pour être heureuse. Cela me laisse à penser. Mariée au grand publiciste Marcel Bleustein-Blanchet, je ne suis pas sûre qu'elle eût le goût d'accompagner son mari dans son ascension vers la prodigieuse réussite qu'il connut. À la fin des années quarante, alors que j'étais encore mariée avec Sophrone, Sophie protégeait mes amours avec Jeannot, et elle nous accueillait le dimanche à Saint-Cloud, dans sa maison de week-end, une villa en pierre meulière qu'elle a revendue à Georges Guétary. On y faisait des parties enragées de belote. Sophie donnait aussi, dans leur splendide appartement de l'avenue Foch, des « déjeuners de dames » où il n'était question que des hommes. Ça ne m'amusait pas beaucoup. Je préfère la compagnie des hommes qui cassent du sucre sur le dos des femmes !

En revanche, j'adorais nos séjours à Quiberon, que Sophie m'avait fait découvrir. Nous faisions ensemble des cures au centre de thalasso fondé par Louison Bobet, et dont elle a été une des pionnières.

Et puis les années nous ont séparées. Par amis interposés, nous prenions des nouvelles l'une de l'autre en nous promettant de nous revoir, sans jamais le faire.

Et Lucienne Frey ! Lulu a été une grande, très grande amie.

Je l'ai connue quand son mari était ministre de l'Intérieur. Outre ses fonctions qui l'absorbaient, ce n'était un secret pour personne, Roger avait une autre dame dans sa vie, et on ne le voyait guère au foyer conjugal. Lucienne se consolait de son infortune en jouant aux cartes. On se réunissait beaucoup chez elle, toujours le même groupe de copains, et les parties de gin-rummy étaient parfois orageuses avec Claude et Paulette Brûlé qui ne supportaient pas de perdre.

En été, Lulu ne manquait jamais de venir à La Paillade passer quelques jours avec nous. Une année que nous étions en panne de jardinier, elle s'est proposée de le remplacer. Sous prétexte qu'elle avait vécu pendant des années en Nouvelle-Calédonie où son mari était en poste, de sa voix de rogomme, elle nous disait avec le plus grand sérieux : « Moi, dans la brousse, je coupais les lianes, alors j'ai l'habitude ! » Et à coups de machette, elle se mettait à débroussailler. Quand on essayait de l'arrêter, elle protestait : « Dans la forêt vierge, j'en ai vu d'autres ! »

Pendant quelque temps, notre grande distraction, ça a été de faire tourner les tables.

Alain et Yvette Poiré étaient là. Le comédien Robert Dalban qui les appelait papa et maman, on ne sait pas trop pourquoi, puisqu'il était nettement leur aîné, et puis d'autres amis, je ne me souviens plus lesquels. Très concentrée, Lulu nous chuchote un soir :

— Ça y est… je sens le fluide… oui, je sens que ça vient !

Alors ma fille Catherine de partir d'un grand éclat de rire :

— Le fluide, c'est « le petit garçon » qui soulève la table avec son genou !

— Mais comment oses-tu dire ça ? s'indigne Lulu.

— Je le dis parce que c'est la vérité ! lui soutient Catouche.

Sur quoi Lulu lui flanque une gifle retentissante. Sans doute un peu dopée par le petit rosé de Provence, je me dresse, en mère outragée :

— De quel droit te permets-tu de gifler ma fille ? Va-t'en de chez moi tout de suite !

Lulu est montée faire sa valise, elle a appelé un taxi, et elle est partie pour la gare, sans un mot. Il était sept heures du soir. Nous avons cru que c'était une feinte. Ne la voyant pas revenir au bout d'une heure, je me suis inquiétée. M'avait-elle vraiment prise au mot ? J'ai sorti ma voiture (Jeannot, heureusement, n'était pas là !) et avec Dalban, « le petit garçon », nous sommes partis pour la gare de Montpellier. Et nous avons retrouvé notre Lulu, très femme de ministre, digne, avec ses rangs de perles, installée dans la salle d'attente, au milieu de quelques Arabes. Il n'y avait pas de train avant minuit ! Je me suis platement excusée. Lulu a un peu protesté, pour la forme, et elle s'est laissé ramener à la maison. Elle était brave ! Moi, à sa place...

Lulu se prétendait informée avant les autres des potins ministériels, et elle nous en faisait souvent part, en nous recommandant la discrétion. C'est Catherine qui, un jour, a identifié la source de ces renseignements que Lulu prétendait tenir de première main. Elle les puisait directement dans *France-Dimanche* !

On se doute que Roger Frey se serait bien gardé de divulguer, même à son épouse, des secrets d'État ! Mais elle était si chaleureuse, si serviable, notre Lulu. Elle nous demandait : « Vous n'avez pas de contraventions ? Qu'est-ce que vous attendez pour me les donner ? Quand je pense à tous les gens que je ne connais même pas et pour qui je les fais sauter ! »

Le soir où le général de Gaulle a perdu le pouvoir après son référendum sur la participation, Lucienne dînait à la maison. Elle a pleuré, sur mon balcon.

— Nous aurons connu une belle époque avec de Gaulle. On la regrettera ! a-t-elle soupiré.

Nos relations se sont diluées, peu à peu, jusqu'à ne plus nous voir. Un jour, par hasard, j'ai appris qu'elle était malade. J'ai voulu lui rendre visite. Je n'en ai pas eu le temps.

Je l'aimais bien, Lulu

J'ai fait la connaissance d'Hélène Martini, en 1965, lorsque je suis allée jouer *Fleur de cactus* aux Bouffes-Parisiens dont elle était la directrice.

Elle se glissait timidement dans la salle pour assister aux répétitions, et elle était toujours coiffée d'un chapeau très spectaculaire à une époque où les femmes ne portaient plus de chapeaux.

Quand je me suis liée un peu plus avec elle, je l'ai encouragée à se débarrasser de ces accessoires un peu ridicules, et on ne l'a plus jamais vue que tête nue, impeccablement coiffée.

C'est une curieuse personne que cette « impératrice de la nuit ». Hélène Martini est bourrée de complexes. Extrêmement solitaire. Désabusée. Elle ne se fait guère d'illusions sur le genre humain. Elle est à la fois très généreuse, et impitoyable.

Il m'est arrivé de lui rendre un service, grâce à mon ami Roger Frey, alors ministre de l'Intérieur.

Un des cabarets dont Hélène a hérité de son mari s'est trouvé menacé de représailles par un de ses confrères rivaux, je ne sais plus trop pour quelle mauvaise raison. Répondant à ma prière, Roger Frey a fait assurer une protection policière à l'établissement visé, ce qui a découragé les éventuels agresseurs.

— Je vous dois combien ? m'avait demandé Hélène.

J'ai eu beaucoup de peine à la persuader que mon coup de téléphone au ministre était gratuit. Sans doute Hélène en avait-elle évalué le montant. Car pendant des années, elle m'a envoyé, pour Noël ou pour mon anniversaire, un cadeau extrêmement coûteux – ce qui ne manquait pas de m'embarrasser. Et puis un beau jour, les présents se sont réduits à de belles boîtes de chocolats. Je me suis toujours demandé si Hélène n'avait pas donné un prix à mon intervention. Une fois sa dette acquittée, estimant qu'elle ne me devait plus rien, elle serait revenue aux simples témoignages d'amitié annuels selon son budget ordinaire.

Chez Raspoutine, son quartier général des Champs-Élysées, elle offre à ses invités le caviar à la louche, le champagne et la vodka y coulent à flots. Je me souviens des soirées où l'on célébrait chez elle des centièmes, et où Toscano, magicien de l'archet, exaltait nos sensibilités légèrement alcoolisées. Ce n'était pas triste...

Quand Hélène reçoit dans son château des environs de Paris – une preuve de confiance qu'elle accorde rarement – il arrive que son orchestre de tziganes surgisse on ne sait d'où, pour rompre joyeusement le silence de l'ambiance pastorale. Elle invente les divertissements les plus surprenants, pour le plaisir de ses invités. Mais qu'est-ce qui la divertit, elle ?

Elle admirait passionnément le dessinateur Erté avec lequel je me suis liée d'amitié, grâce à elle. Quel étrange petit bonhomme, malicieux, fin, rieur, modeste, aimant la vie. Il avait connu les plus grands succès, le déclin, presque l'oubli, et une résurrection aussi tardive qu'éclatante à laquelle sa protectrice n'était pas la dernière a avoir contribué. Elle s'en montrait justement fière.

Hélène Martini se dit heureuse, et comblée par la vie. C'est une des rares personnes sur laquelle je crois pouvoir compter. Mais au fond, je ne la connais pas. Personne ne la connaît. En tout cas, nous lui devons de bons moments.

Merci, Hélène !

Et puis il y a évidemment Barillet et Grédy, pour moi : Pierre et Jean-Pierre, qui sont tous les deux des amis très chers. Pierre Barillet, ce n'est même plus un ami, c'est un frère, il fait partie de la famille, je le vois tout le temps ; Jean-Pierre Grédy, de loin en loin. Mais nous avons connu ensemble, et pendant des années, « l'ivresse du succès » !

On ne peut pas imaginer caractères plus différents que ceux de ces deux associés. La réussite de leur partenariat tient sans doute à des divergences qui ont été complémentaires. Grédy est susceptible, ombrageux, angoissé. Barillet se pose apparemment moins de questions. Ils ne sont pas forcément sympathiques à ceux qui ne les connaissent pas. Il faut les fréquenter pour les apprécier. Ils sont réservés, voire distants. Ils ont l'esprit caustique, et on les a souvent taxés de méchanceté. Rien de plus faux. Ils sont seulement lucides, intelligents et ils ont l'esprit vif. L'un comme l'autre, ils sont de bonne compagnie. À leurs débuts, jeunes et portés par leur soudaine réussite, ils ont été la coqueluche des salons, sans se laisser griser pour autant. Ils n'ont pas fait que s'y amuser, ils ont observé aussi la société qu'ils découvraient, et cela a nourri leurs pièces.

Grédy est resté assez snob, mais il n'est pas dupe de lui-même. Il continue de vivre dans un milieu sophistiqué et mondain. Il sort tous les soirs. Il a toujours adoré les animaux. Il était très attaché à ses chiennes qu'il a perdues et qui lui manquent, dans son grand et bel appartement où je ne suis pas sûre qu'il soit très heureux de se retrouver seul en face de lui-même

Barillet, lui, vit très différemment. Casanier, il travaille chez lui avec discipline et régularité. Il prétend se sentir coupable quand il passe une journée sans écrire. Depuis que Barillet et Grédy ne nous donnent plus de ces comédies brillantes qui rendaient Paris plus gai, Pierre se consacre seul à la rédaction de souvenirs, de biographies, de nouvelles...

Il aime aussi à recevoir dans l'intimité des groupes de copains – et il en a beaucoup, des horizons les plus divers – pour lesquels il fait volontiers la cuisine. On passe chez lui des soirées toujours joyeuses et détendues, dans une atmosphère de franche simplicité. Il est d'une fidélité à toute épreuve, se dévoue volontiers pour de vieilles amies (je me compte dans le lot !). Jeannot l'aimait autant que moi. Ils étaient très liés et, pendant les dernières années qu'a vécues mon mari, ils avaient régulièrement des conversations au téléphone, et se faisaient des confidences très personnelles. Nous avons beaucoup voyagé avec Pierre, sans qu'il y eût jamais la moindre discorde. Nous partagions les mêmes goûts, le même style de vie. Je conserve un souvenir particulièrement heureux de notre découverte de l'Égypte, et d'un séjour à La Barbade, chez Claudette Colbert qui nous avait invités dans la magnifique vieille maison coloniale où elle s'était retirée.

Tous les ans, Pierre ne manquait pas non plus de nous rendre visite à La Paillade et à Préfailles dont il me parle avec plus de regrets que je n'en éprouve moi-même. Je compte bien sur lui pour venir me voir aux Vignes durant l'été. J'ai trop parlé d'amitiés perdues, plus ou moins par ma faute, pour ne pas me féliciter de celle-ci toujours aussi solide et qui s'est confirmée, de jour en jour, pendant un demi-siècle.

L'ARC DE TRIOMPHE

En 1973, je revenais au théâtre. Je manquais d'enthousiasme, mais la chère Mary Morgan avait su me convaincre de retrouver le chemin de ma loge au Saint-Georges. Vingt-cinq ans s'étaient écoulés depuis *La Femme libre*. J'occupais la scène depuis un quart de siècle ! Déjà !

Tirée d'une pièce italienne, la comédie de Marcel Mithois m'offrait un rôle de femme généreuse, amoureuse, contradictoire, envahissante, dont la tête et le cœur, en conflit, finissent par s'accorder dans un arrangement immoralement bourgeois. Mais comme je la trouvais fatigante, cette Françoise ! Moins que la Marion qui m'attendait, deux ans plus tard, au Théâtre La Madeleine, dans…

PEAU DE VACHE

Ce sera ma dernière création, à la Madeleine, le 5 octobre 1975. Après ça, je ne reviendrai qu'en 87, à la scène, pour célébrer, dans une reprise de *Fleur de cactus*, l'ouïe que j'avais recouvrée, très temporairement, hélas. Et je tirerai l'échelle. Définitivement.

Peau de vache, une comédie de caractère, a été inspirée, à Barillet et Grédy, par le mien : un sale caractère, apparemment, et à peine poussé à la caricature. Dans un retournement dont ces habiles artisans (ils revendiquent ce titre) ont le secret, la pièce démontre que la franche méchanceté a ses mérites, et vaut mieux que la gentillesse, souvent fausse.

Malgré le triomphe, car c'en fut un, le rôle a fait peur aux actrices, et de tous les succès internationaux que remportèrent mes auteurs, *Peau de vache* connut le moindre, faute de combattantes. Il paraît que les comédiennes, craignant d'y perdre la sympathie du public, renâclaient à envoyer une lettre anonyme comme l'action les y contraignait au dernier acte. Moi, quand j'avouais mon forfait, la salle m'applaudissait !

Mais le rôle était tuant. C'était celui d'une mégère inapprivoisée. Je gueulais tout le temps. Beaucoup trop. Il m'arrive parfois de répéter pour moi-même certaines répliques du dialogue dont je me souviens encore, et je les joue très différemment, avec un grand calme, qui aurait été, je crois, beaucoup plus efficace. Et moins fatigant. Mais Jacques Charon, dont cette production allait être la dernière mise en scène – et ceci explique cela –, se montrait particulièrement laxiste dans son travail. Au point qu'au cours des répétitions, je m'étais exclamée un jour : « Où est donc le metteur en scène ? Mais qui est-ce, déjà ? »

Il avait beaucoup grossi. Alors qu'il donnait une indication, de profil, en scène, il projetait en avant un ventre si proéminent, cela m'avait frappée. J'avais dit à Barillet, assis à côté de moi dans la salle : « Il va mourir ! » C'était prémonitoire, mais je ne me doutais pas que cela viendrait si vite.

Quelques jours après la générale, alors qu'il était venu procéder à un raccord dans l'après-midi, avant de se rendre, pour y jouer une comédie de Labiche, à Marigny où s'était installée la troupe de la Comédie-Française pendant les travaux de réfection de la Salle Richelieu, Jacques est mort subitement, chez lui, dans la nuit. Il n'avait que cinquante-cinq ans. Ce décès brutal a endeuillé le grand succès que nous partagions avec lui. Comment mon camarade du Conservatoire, pouvait-il me quitter ainsi ? Nous avions cheminé toute la vie ensemble, nous retrouvant périodiquement pour travailler. Et il m'allait falloir continuer sans lui ? Je le pleurai beaucoup, beaucoup. Mais le soir, je faisais rire en pensant à lui, et je me disais qu'il serait content. Il me manque toujours.

Daniel Ceccaldi, mon partenaire, ne croyait guère en la pièce. Peu avant la générale, il m'avait demandé devant les auteurs : « Où est-ce que vous comptez passer vos vacances d'hiver ? » Ils ne goûtèrent guère la plaisanterie.

Les vacances d'hiver, nous les avons passées au Théâtre de la Madeleine ! Et celles de l'année suivante aussi…

Je n'en pouvais plus. Dans ce temps-là, le dimanche, on jouait en matinée et soirée. Un dimanche, épuisée, je quittai le théâtre après la matinée, et sans prévenir, je ne revins pas pour la seconde représentation. Mon directeur, André Bernheim, surnommé « le renard argenté », pas seulement pour sa chevelure blanche, consentit à me faire doubler le dimanche soir.

Mais après deux ans de présence assidue, cette concession était insuffisante. La dépression me guettait, à nouveau.

À la six cent soixante et unième représentation de *Peau de vache*, je me suis arrêtée du jour au lendemain. Je n'aurais pas pu jouer une fois de plus. Mais est-ce qu'on a jamais demandé à une dactylo de taper six cent soixante et une fois la même lettre ?

Il n'empêche que j'assurai plus tard de très longues tournées de la pièce en France, et à l'étranger, où la virago que j'interprétais remporta partout un égal succès, et même à Préfailles où je me fis un plaisir d'aller donner une représentation supplémentaire de la pièce.

JEAN DE BARONCELLI

Il m'a aimée. Je l'ai aimé, et beaucoup énervé aussi. Il est vrai que je peux être très énervante. Je le sais. Surtout quand j'ai un verre dans le nez...

Il était si courtois, d'une politesse exquise, et d'une humeur toujours égale ! Il entrait dans son comportement une certaine dose d'indifférence. Et il était très secret ; il cloisonnait... Il partait le matin pour revenir le soir, et jamais je ne lui ai demandé comment il occupait ses journées.

On s'entendait merveilleusement mais on ne se confiait pas vraiment l'un à l'autre. En ce qui concerne nos métiers, nous n'en parlions pratiquement jamais ensemble. Il n'avait aucune influence sur mes choix, et je n'ai pas le souvenir qu'il m'ait demandé un seul conseil. Cela dit, on pouvait se retrouver à trois heures du matin devant un verre de rouge, en train de discuter le coup et de rigoler. Car, en revanche, nous riions beaucoup, et le rire, pour moi, c'est une chose très importante. Rien ne rapproche mieux deux êtres que le rire. Cela nous arrivait très souvent, même encore avant sa mort. Il y avait entre nous une formidable complicité. Oui, nous nous sentions bien ensemble.

Il était très orgueilleux mais il manquait d'ambition, et comme il n'avait pas besoin d'argent... Il se passionnait pour l'empereur Constantin dont il avait entrepris d'écrire la biographie, à laquelle il a travaillé pendant des années. Mais pour le plaisir, en dilettante. Quand je le poussais à intéresser un éditeur à son projet, il me disait : « Oh ! À quoi bon ? »

Cet homme si équilibré était préoccupé jusqu'à l'obsession par ses cheveux, la hantise de les perdre. Il y consacrait plus de temps qu'à quoi que ce soit d'autre, et c'était pour lui une priorité absolue. Aucune publicité, jusqu'aux plus charlatanesques, concernant des remèdes miracles pour combattre la calvitie, n'échappait à son attention. Il répondait à toutes les offres, expérimentait tous les traitements, les lotions et les poudres... Perdait-il un cheveu qu'il était précieusement conservé, répertorié, et mis en boîte avant de subir une analyse destinée à révéler l'origine de sa chute. Nous appelions ça sa « tiffothèque » ! Il avait fini par découvrir un spécialiste qui l'aida à préserver son trésor capillaire qui prolongeait sa jeunesse. Pas question de plaisanter sur ce sujet. Et malheur à la belle qui se serait permis, dans un élan affectueux, de lui passer la main dans les cheveux !

Jeannot n'aimait pas la vie sociale où l'on cultive des relations utiles. Nous vivions à l'écart. Nous voyions très peu de gens, et seulement ceux que nous aimions. Jamais nous n'avons invité personne pour en tirer quelque chose. Il paraît que Juliette Achard – pour citer un exemple – a énormément contribué à la carrière de son mari en donnant des dîners, en entretenant une vie mondaine. Les Achard, à eux deux, formaient une association. Rien de pareil dans mes relations avec mon mari. Il ne m'a jamais présenté un metteur en scène de qualité, je ne connaissais personne en littérature... Quand il a écrit ses premiers livres, Jeannot vivait dans un milieu très branché. Il avait une liaison avec une femme du monde qui recevait beaucoup... Au début, cela m'a donné des complexes. J'ai pensé que, professionnellement, elle lui était plus utile que moi.

Son premier roman *Vingt-six hommes* qu'a publié Grasset en 41 a connu un réel retentissement. Il a manqué de peu le Goncourt. Je crois que la déception a été très amère pour Jean.

Avec *Les Chevaliers de la lune*, en 1950, il a connu un nouveau succès.

Il était très lié avec son éditeur de La Table Ronde, Roland Laudenbach, le neveu de Pierre Fresnay. Il aimait travailler avec les gens qu'il connaissait et qui l'appréciaient. Il n'aurait pas fait l'effort de démarches auprès d'inconnus. Il attendait, il laissait venir, rien ne venait, et après, c'était trop tard. Pourtant il a donné un dernier roman, en 1988, *L'Hispano blanche*, une ravissante histoire plus ou moins autobiographique, où il retrouvait à soixante-dix ans passés la fraîcheur et la sensibilité d'un adolescent.

C'est par hasard qu'il est entré au *Monde* comme critique de cinéma. Henri Magnan qui tenait cette rubrique était complètement alcoolique, et il a tout plaqué du jour au lendemain. C'est lui qui a recommandé Jeannot à Beuve-Méry. Jeannot a pris sa succession. Il est resté quinze ans au *Monde* et il a laissé la réputation d'un grand critique, intègre et indépendant. Cela ne lui a pas toujours été facile, car il ne défendait pas nécessairement les mêmes idées ni les mêmes causes que son journal, et il considérait que le sectarisme nuisait à l'honnêteté intellectuelle. Il s'est trouvé très isolé quand *Le Monde* pavoisait, en 1975, pour célébrer la « libération » de Pnom Penh par les Khmers rouges. Mais il a tenu bon, et on l'a toujours respecté.

Il faisait déjà partie du comité de sélection des films pour le Festival de Cannes quand Michel Guy, alors ministre de la Culture, lui a offert le poste de délégué général. Il a refusé net. « Pour rien au monde je ne veux m'astreindre à toutes ces corvées ! Ces mondanités, ces dîners... » Pour une fois, j'ai eu de l'ambition pour lui et j'ai essayé de l'influencer, de le persuader que ça l'intéresserait. Moi-même, j'aurais eu plaisir à l'accompagner quelquefois dans ses voyages en Amérique et ailleurs, pour voir des films et rencontrer des gens. Il n'y a rien eu à faire. C'est notre ami Gilles Jacob qui a assumé avec brio, tact et intelligence cette délicate fonction, et Jean de Baroncelli est toujours resté proche et solidaire de lui. Presque jusqu'à sa mort, Jeannot a continué de visionner des films pour la sélection. Il n'était pas toujours d'accord quant au choix. « Ils ont une prédilection pour les films difficiles, sombres, obscurs. Un festival devrait offrir une variété de genres. » Mais, à Cannes, on a toujours affecté un mépris évident pour les comédies et un cinéma de divertissement.

À la fin de l'hiver 1997, Jeannot traînait une mauvaise grippe dont il se relevait difficilement. Mais rien de quoi s'alarmer. J'étais partie pour Préfailles, pour m'occuper de je ne sais quelle fuite d'eau quand Caroline m'a téléphoné : « Il faut que tu rentres d'urgence. » J'ai été prise d'une angoisse incoercible, persuadée que je ne reverrais pas mon Jeannot vivant. Dans l'incapacité de tenir le volant dans l'état où je me trouvais, c'est ma gardienne qui a conduit la voiture, et pendant tout le trajet, je n'ai pas arrêté de sangloter. Dieu merci, je l'ai retrouvé vivant. Il s'est rétabli, en apparence, et il a même pu rentrer chez lui. C'est par miracle que Caroline avait pu s'occuper de son père. Venue à l'improviste de sa Normandie, elle allait pénétrer dans notre immeuble, avenue Mac-Mahon, au moment où Jeannot en sortait seul, chancelant, pour prendre un taxi et se rendre à l'hôpital. Elle avait été horrifiée par sa mauvaise mine.

À la faveur de son hospitalisation, elle a appris ce que Jeannot nous avait caché à tous. Depuis vingt ans, il se savait atteint d'une maladie très grave, mais à lente évolution, un myélome – en d'autres termes : un cancer de la moelle épinière –, et il se faisait soigner sans qu'on se soit jamais douté de rien. Caroline, mise au courant à l'insu de son père, lui fit le serment de garder le secret et de ne pas m'en dire un mot. Elle a tenu parole, et pour elle, ce silence a dû peser lourd parfois. Mais Jeannot n'aurait jamais voulu que je le traite en malade, que je contraigne ma nature de brute, que je m'efforce à la douceur, bref que je devienne une autre que celle que j'ai toujours été. Il ne voulait pas que je change, et surtout pas que je sois aux petits soins pour lui. Est-ce parce qu'il m'avait toujours entendue dire que je détestais les malades ? Pour lui, j'aurais donné un poumon, un rein ! Il riait : « Qu'est-ce que tu veux que j'en foute de ton rein ? »

Quand je pense que pendant cette dernière année de

sa vie, j'ai continué à le bousculer. Je trouvais qu'il se laissait aller, qu'il se négligeait. Je le secouais. Je lui disais : « Allons, Jeannot, ne mets pas ce vieux chapeau vert ! Ça te donne l'air d'un centenaire ! Mets plutôt cette jolie casquette ! » Eh bien ! non. Il préférait le chapeau. Alors, je l'engueulais. Et nous nous querellions pour des raisons insignifiantes. Ah ! si j'avais su, si j'avais su... !

Le 23 juin 98, à Montpellier, Jeannot et moi, nous étions allés chercher à la gare Pierre Barillet qui venait passer quelques jours avec nous, aux Vignes.

Ensuite, nous sommes allés dîner chez notre amie Madeleine Attal, dans son jardin si poétique, enveloppé par la douce chaleur d'une nuit d'été. Nous étions détendus. Nous adorons tous Madeleine, et l'on se sent bien chez elle. Au retour, nous nous félicitions d'avoir passé une soirée exquise.

Ce fut la dernière.

Toute la nuit, Jeannot souffrit de son dos. Dans les quarante-huit heures suivantes, les douleurs s'aggravèrent.

Caroline, alertée, et qui, elle, savait la gravité du mal dont souffrait son père, alors que moi, je l'ignorais encore, arriva de Coutances, le 28, pour le conduire à l'hôpital où on le mit sous morphine.

Le 4 juillet, une amélioration permit qu'on le ramenât aux Vignes. Mais presque aussitôt, le mal se réveilla, et il fallut le remmener le surlendemain à l'hôpital où j'allai le voir tous les jours, pendant trois semaines qui me semblèrent à la fois trop courtes et interminables.

Dix jours avant sa mort, par la maladresse d'une infirmière qui ne pouvait se douter que sa femme l'ignorait, j'apprenais enfin la nature du mal inexorable que m'avait caché mon mari, mais j'espérais encore en je ne sais trop quel miracle.

Les dernières paroles qu'il m'ait dites, alors que j'essayais de le faire boire, ça a été : « Doucement, mon bébé, doucement ! »

Jusqu'au bout, je l'aurai brusqué, mon Jeannot !

Il est mort le 31 juillet, à dix heures du soir.

C'est Caroline qui a téléphoné de l'hôpital pour nous annoncer la nouvelle. Catherine était aussi venue nous rejoindre. Quelques intimes nous entouraient. Nous avons ramené le corps à Paris. Jeannot souhaitait d'être enterré auprès de sa mère, au cimetière Montparnasse. Il avait été plus proche de son père, et on aurait pu croire qu'il eût préféré reposer auprès de lui, en Avignon. Tel que je connaissais mon Jeannot, je pense qu'il a dû se dire que Paris, ce serait plus pratique pour nous, qu'il y avait une place disponible dans le caveau maternel, et qu'au fond, tout ça n'avait vraiment plus d'importance.

Après une cérémonie dans l'affreuse église Saint-Ferdinand des Ternes, remplie d'amis, bien qu'on fût le 4 août, nous nous sommes rendus nombreux au cimetière, et ensuite à la maison, avant que chacun s'en aille de son côté.

Il y a trois ans de cela.

Plus rien n'a plus jamais été pareil depuis. J'erre dans la vie, sans motif ni raison. Mes journées sont vides. Il y a des jours où je me sens vraiment au fond du trou. J'ai promis à mes filles que je ne me suiciderai pas. Et d'ailleurs, je suis croyante.

MALADIES ET VIEILLESSE

Ma vie a basculé en 81, le jour où je suis devenue sourde.

La surdité vous plonge dans un isolement total, on est coupé du reste du monde, incapable de participer à la vie des autres. On ne contrôle plus sa propre voix. Être sourd, en plus, c'est ridicule. Ça fait rire les gens. Et on a honte. Je ne souhaite pas cette malédiction à mon pire ennemi. D'ailleurs je n'ai pas, à ma connaissance, de pire ennemi !

Dans mon enfance, une série d'otites avait considérablement altéré mon ouïe de l'oreille gauche. En fait, je n'entendais bien que de la droite. Jusqu'à ce matin où j'allais prendre la route pour rejoindre à Deauville mon amie Vera Norman et l'aider à installer la maison qu'elle venait d'y acquérir.

Ayant mal dormi, je me sentais migraineuse au réveil, et pour me remettre, j'absorbai deux aspirines. Erreur fatale !

J'ai toujours été persuadée que l'aspirine avait provoqué la rupture de vaisseaux sanguins, car très peu de temps après, je me suis rendu compte que je n'entendais plus rien de mon oreille valide.

En revanche, des bruits étranges me résonnaient désagréablement dans la tête. Des vagues déferlaient. Le tonnerre grondait. Des moteurs tournaient. Je subissais des sifflements pendant des heures. Et puis l'ouïe revenait, avec des fluctuations et une intensité variables, jusqu'à disparaître complètement.

Tous ces phénomènes, j'allais les revivre pendant des mois, voire des années.

Ce jour où tout a commencé, je me sentais mal, j'avais des vertiges, je n'aurais jamais dû prendre la route. Mais je suis une brute, et sous prétexte de ne pas m'écouter, j'ai forgé mon malheur. Je me souviens que, pendant tout le trajet, je mettais la radio à fond, et je n'entendais rien.

Dès le lendemain, à peine revenue à Paris, on m'a envoyée à l'Hôpital américain pour m'y faire faire des perfusions. C'est à ce moment précis que j'ai recommencé à entendre parfaitement. Là encore, j'ai réagi sottement, j'ai annulé les perfusions pour rentrer chez moi. Le médecin aurait dû m'en dissuader. Car, dans ces cas-là, il est nécessaire d'agir vite. Et à peine étais-je de retour à la maison, que j'étais sourde à nouveau.

Alors a commencé la ronde des médecins, des ORL, des spécialistes, de France et de Navarre. Jeannot s'est montré merveilleux. À mes pires moments de découragement, il a toujours été à mes côtés, pour me soutenir et m'aider. Car j'étais souvent irascible et impatiente, encore plus malheureuse, et même désespérée. Sans lui, je crois vraiment que je me serais balancée par la fenêtre. Mais sa présence était si rassurante ! Lui, l'ennemi des corvées, lui, qui m'avait habituée à assumer tout ce qui l'ennuyait, il m'accompagnait la plupart du temps dans mes visites médicales et toutes ces démarches fastidieuses.

Il y a des gens qui aiment à se mettre en dix pour les autres, pour lesquels rendre service est un plaisir. Jeannot n'était pas de cette espèce-là, il n'a jamais prétendu rivaliser avec l'abbé Pierre, et j'appréciais d'autant plus les efforts qu'il déployait, puisqu'ils lui coûtaient davantage qu'à d'autres. En tout cas, jamais il ne m'a laissée tomber pendant ces mois, ces années difficiles. Il a toujours été là, solide comme un roc.

Que n'aurais-je pas tenté ? C'est à l'insu de tous que je me suis même rendue à Lourdes, où j'ai fait ruisseler, sans effet, l'eau miraculeuse dans mes oreilles !

En revanche, la mésothérapie a prouvé son efficacité. Mais Dieu que c'était pénible ! On me faisait une série de piqûres derrière les oreilles en descendant le long du corps, jusque dans les mollets. C'est dans les mollets que les piqûres sont les plus douloureuses, et j'ai dû me soumettre à cette torture plusieurs fois par semaine, et pendant des mois. En fait, cela a duré un an et demi. Mais j'étais prête à tout, et, grâce à ce traitement, je suis redevenue à peu près normale. Je me souviens d'un matin, à Orly, alors que nous allions nous envoler vers Toulon pour embarquer sur le *Mermoz*, où j'avais accepté de donner une représentation de *La Navette* montée par Alain Feydeau, je me suis écriée : « J'entends ! » et j'ai retiré mon appareil auditif. J'ai effectivement entendu pendant toute la croisière en Méditerranée. Le bruit des vagues, le cri des mouettes… j'entendais tout, alors que la veille encore, comme chaque matin, au réveil, je grattais en vain le drap avec mes ongles, dans l'espoir déçu de percevoir un son.

Je conserve de ce voyage un souvenir délicieux, même si j'ai eu le trac en reprenant le texte que j'avais un peu oublié depuis mon concours au Conservatoire ! Je conversais avec les passagers. Jamais je ne m'étais montrée aussi sociable. Jeannot était enchanté.

Mais quelle étrange maladie ! À peine débarquée et revenue à terre, j'étais sourde à nouveau.

En 1987, nouveau répit, durable celui-là, où je me suis offert le luxe d'un dernier retour au théâtre dans mon rôle préféré, celui de Mademoiselle Vignault dans *Fleur de cactus*...

La surdité entraînait d'autres désagréments. Les vertiges n'étaient pas les moindres. L'un allait me causer une fracture du col du fémur, et un autre, en sortant de ma piscine, une entorse à la cheville.

Pour faire bonne mesure, j'ai été opérée d'une hernie discale, et pour couronner le tout, effectuant, à Montpellier, une de ces visites de routine auxquelles je négligeais de me plier aussi souvent que j'aurais dû le faire, le docteur m'a annoncé que j'avais un cancer, et qu'il allait falloir m'amputer d'un sein. Je m'étonne moi-même d'avoir reçu cette mauvaise nouvelle sans m'en alarmer outre mesure, puisqu'en quittant le cabinet médical j'ai traîné si tardivement en ville, à faire les boutiques, que Jeannot s'est inquiété de ne pas me voir rentrer.

J'ai été infiniment moins affectée à l'idée de cette opération, que je n'ai souffert de ma surdité, à laquelle j'ai fini par m'accoutumer, grâce à un appareillage de plus en plus perfectionné. Il n'empêche que dans un restaurant un peu bruyant, pour peu que la conversation soit rapide et multiple, je la suis difficilement. Mais j'ai pris l'habitude de faire semblant.

Pour ce qui est des maladies et des infirmités, on peut dire que je n'ai pas été épargnée, et j'ai accepté mon sort, assez sportivement, je crois.

Ce à quoi je ne m'habitue pas, c'est la déprime. La

dépression, c'est pire que tout. Ça ne s'explique pas. Il faut la vivre pour comprendre.

La vieillesse n'arrange rien, évidemment. Ce n'est pas gai de vieillir, pour personne, et encore moins pour une actrice, même si moi, je n'ai jamais été particulièrement penchée sur mon physique. Je plains celles qui guettent avec angoisse l'apparition d'une ride. Sur un visage, la vieillesse ne travaille pas sournoisement, mais par à-coups. Le matin, on voit apparaître un signe que rien ne laissait présager la veille : le menton qui se double, une bajoue qui se charge d'une noix invisible. Et c'est irréversible.

Comme tout le monde, j'ai essayé de lutter, par respect de ma profession, de mon mari, de moi-même. Je me suis fait lifter deux fois, et j'ai gagné ainsi quelques années. Après, j'ai arrêté les frais. Pas question de devenir une de ces vieilles belles tirées à mort, comme ces Américaines qui se ressemblent toutes, passé soixante ans.

Ce qui m'ennuie, dans la vieillesse, plus encore que la flétrissure physique, c'est la fatigue qu'elle entraîne. Je n'étais jamais fatiguée. Je le suis tout le temps. Je n'ai plus d'activité. Il faut que je me fouette pour aller voir une exposition. Je peux passer des journées entières sur mon lit, avec la télévision allumée, que je la regarde ou pas... J'ai des manies qui s'accentuent, par exemple, celle de tout compter : les fleurs du papier peint de ma chambre, les pavés d'une rue quand je marche, les numéros des plaques d'immatriculation... Si le chiffre est pair, c'est bon signe, ou vice versa. Qu'est-ce que ça veut dire ? Il y a là comme une résurgence des bizarreries de ma mère... J'espère ne pas finir comme elle.

7 AVRIL 2002

Quatre-vingts ans ! Le 7 avril 2002, j'ai eu quatre-vingts ans. Cela fait quatre-vingts ans qu'on a annoncé ma naissance au Vél d'Hiv et les quatre-vingts années de ma vie pendant lesquelles il s'est passé beaucoup moins d'événements que par le monde, elles tiennent entre ces pages que vous venez de lire.. Comme c'est court, et comme c'est long, une vie de quatre-vingts ans !

Caroline m'a invitée à venir fêter chez elle, et en famille, cet événement historique. Je suis donc partie pour Coutances au volant de ma voiture, pour me prouver que je pouvais encore tenir la route. Coutances, ce n'est pas la porte à côté : 329 kilomètres de Paris s'il faut en croire le guide Michelin, et pour moi, un peu plus, puisqu'à un certain embranchement, j'ai pris la direction opposée, celle de Rouen ! Non ce n'est pas du gâtisme, juste un peu de distraction !

J'ai emmené avec moi la chère Mimi qui a élevé mes filles et les enfants de mes filles, et qui se partage maintenant entre Paris et la Normandie. C'est elle qui m'a dit : « Je crois que nous ne sommes pas sur la bonne route ! » Sans quoi, peut-être aurais-je manqué mon anniversaire. De toute façon, mon âge m'aurait rattrapée !

À part cet incident minime, il faisait un temps superbe et tout s'est passé pour le mieux. Nous sommes arrivées à la nuit tombante. Caroline commençait à s'inquiéter.

Le manoir d'Argences est une petite merveille. Chaque fois que j'y retourne, je pousse des cris d'admiration devant les embellissements accomplis par ma fille et mon gendre Philippe. J'y retrouve au détour de chaque pièce les meubles, les objets, les tableaux qui ont été, ici ou là, les témoins de toute mon existence. Riche en souvenirs, c'est une maison heureuse, habitée, vivante. On m'y réserve une très belle chambre, à double exposition, et je m'y sens un peu chez moi. Camille et Marguerite ont encore grandi, depuis la dernière fois que je suis venue. Camille surtout. Elle n'a pas douze ans, et sa carrure est déjà presque celle d'une adulte. À l'opposé, sa cadette, Marguerite, est menue, fragile et toute gracilité. Je les aime bien, toutes les deux, mais cela me fait un drôle d'effet de me dire que je suis leur grand-mère. J'avais déjà du mal à me persuader que j'étais la mère de mes filles. Là, je n'y crois pas tout à fait. Elles non plus, d'ailleurs.

En arrivant, je suis montée dans ma chambre pour me changer et quand je suis redescendue au salon que réchauffait un beau feu de bois dans la cheminée, j'ai eu la surprise d'y découvrir des gens que j'aime, venus de Paris et d'ailleurs, et que Caroline avait réunis sans me le dire. J'étais à mille lieues de m'attendre à les trouver là et j'ai eu du mal à retenir mes larmes. Avec l'âge, j'ai de plus en plus facilement la larme à l'œil.

Le fidèle Pierre Barillet avait fait l'effort de se déplacer, et je sais qu'il n'aime pas beaucoup ça. Bertrand et Francine étaient là aussi. Bertrand est un ancien flirt. Nous avons eu, jadis, des rapports passionnels et orageux. Il faut dire qu'il avait un caractère de cochon, et comme je ne suis pas non plus un loukoum, vous imaginez les étincelles. Mais je ne sais même pas pourquoi j'évoque ces temps anciens. Il y a prescription. Et nous sommes maintenant une paire de vieux amis. Je l'ai connu célibataire. Il l'est toujours, mais il entretient une liaison durable avec Francine qui est une femme merveilleuse. Elle a réussi à apprivoiser et à dompter cet ours. Et nous nous entendons parfaitement bien tous les trois. Ils font partie de la famille. Et c'est pour ça que Caroline, qui les considère comme des parents, les a invités. Honnis soit qui mal y pense !

Annick Lanoë et son compagnon Antoine sont des relations plus récentes. J'ai rencontré Annick en tournant *Les Mamies* dont elle était l'auteur et le metteur en scène. La distribution réunissait une série de « jeunesses » parmi lesquelles Danielle Darrieux, Paulette Dubost, Jackie Sardou, Marthe Villalonga, Odette Laure et moi-même. Le film aurait pu être réussi si Annick, qui est têtue comme une mule, avait fait appel à un vrai professionnel pour consolider son scénario dont l'idée de départ était excellente, mais le développement montrait des signes de faiblesse. Résultat, *Les Mamies* n'a pas marché du tout, et c'est dommage. Mais ce tournage m'a procuré la joie de retrouver Danielle Darrieux, comme si je l'avais quittée la veille sur le plateau de *Premier Rendez-vous*, toujours aussi simple, rieuse et « nature » ! Le temps était aboli... Et que de bons moments nous avons passés en extérieurs, au Portugal, où Jeannot était venu me rejoindre. Il est rare qu'un échec soude une amitié. Eh bien ! malgré ça, Annick et moi, nous sommes devenues amies. Annick est quelqu'un de positif et, quand mon moral dégringole au plus bas, son optimisme opère sur moi un effet bénéfique. Quant à Antoine, il est architecte et construit des hôtels en Maurétanie et dans les pays les plus excentriques. Il est toujours de bonne humeur, plutôt silencieux, ce qui ne l'empêche pas d'avoir de l'humour. Annick et Antoine habitent une péniche, près du pont Alexandre III, ce qui prouve déjà un certain sens de la fantaisie. Ils ont partagé avec moi les derniers étés de Préfailles. Installés à *Kerr Crotte*, c'étaient mes voisins les plus immédiats, et cette intimité de vacances n'a fait que renforcer nos liens.

Sont arrivés ensuite, dans le désordre, ma petite-fille Lorraine et son copain Ben, Sébastien, le saltimbanque, indissociable de Calou, sa partenaire sur les tréteaux comme dans la vie, ma petite cousine Denise Tardiveau, la fille du notaire, Catherine et son nouveau compagnon – je vous avais bien dit qu'elle ne serait pas longue à s'en trouver un autre ! – mes fans, Éric et Franck, professeurs à Amiens, deux fous de cinémathèques, et le dernier en date, Alexis, qui traduit des romans de l'anglais. Ces jeunes gens sont aux petits soins pour moi. Ils se relayent pour me tenir compagnie aux Vignes, m'accompagnent au cinéma, au théâtre, et s'ingénient à me distraire... N'allez pas croire pour autant que je sois devenue une ogresse, une croqueuse de minets !

Caroline a fait des miracles. Elle est parvenue à placer vingt personnes autour d'une même table éclairée aux chandelles. Seul manquait mon Nicolas, retenu à Paris. Et aussi Roland qui m'aurait chanté au dessert mes chansons préférées de Trenet. Roland, c'est un copain de longue date, un artiste très doué, auquel je ne peux pas m'empêcher de dire quelquefois des vacheries. Alors, en ce moment, il me boude. Mais je suis sûre qu'au fond il sait que je l'aime bien.

Le dîner, bien arrosé, s'est déroulé dans un joyeux brouhaha et la conversation a été aussi gaie que décousue, émaillée de souvenirs où le théâtre était absent. En soufflant mes bougies, je n'en ai éteint que trois sur huit. J'en ai conclu qu'il me restait trois ans à vivre. Mais tout le monde s'est récrié puisque chaque bougie comptait pour dix ans. Je ne veux pas faire à mes enfants le sale coup de battre les records de Jeanne Calment !

Au dessert, ça a été une avalanche de cadeaux. Le champagne aidant, l'émotion m'a submergée. Mais si j'ai pleuré, cette fois-ci, c'était de bonheur. Il est vrai qu'on n'a pas tous les jours quatre-vingts ans !

À me retourner sur mon passé, je me dis : Mais comme je suis injuste ! J'ai été tellement privilégiée ! Et j'ai connu une existence si heureuse ! J'ai toujours été gâtée par le succès. On m'a aimée... Je me suis amusée, j'ai profité de tout ce qui est si facilement venu à moi, et sans que je fasse aucun effort pour l'obtenir. Oui, bon, c'était une épreuve d'entrer en scène, j'avais le trac, peur de ma mémoire, ça me minait, mais enfin ça ne durait que trois heures par jour, et en compensation, que d'avantages ! J'ai gagné beaucoup d'argent, ce qui m'a donné l'indépendance, et le loisir d'assouvir mes fantaisies.

Les applaudissements, être reconnue dans la rue, je n'en ai jamais tiré satisfaction ni vanité. Disons-le, ça m'ennuyait plutôt. Répondre aux compliments m'embarrassait. J'ai toujours rusé pour éviter les chasseurs d'autographes, je les trouvais collants !

Maintenant que je n'exerce plus ma profession, je me rends mieux compte de l'utilité des comédiens. On ne me voit plus que très rarement sur les écrans ou à la télé, et pourtant, le public ne m'a pas oubliée. Mieux, il me reconnaît encore, alors que moi, quand je me regarde dans un miroir, j'hésite à me reconnaître ! Nombreux sont les gens qui m'abordent souvent dans la rue, au restaurant, dans le train, partout, pour me dire : « Vous êtes bien Sophie Desmarets ? Si vous saviez les bons moments que vous nous avez fait passer ! Grâce à vous, nous avons oublié nos problèmes, vous nous avez rendus heureux ! »

Ces témoignages, cette fidélité, cette reconnaissance me touchent enfin.

Après tout, ce n'était peut-être pas aussi idiot que ça, de choisir pour métier de « faire l'andouille » !

TABLE

Impression réalisée sur CAMERON par

BUSSIÈRE CAMEDAN IMPRIMERIES

GROUPE CPI

à Saint-Amand-Montrond (Cher)
en octobre 2002

N° d'édition : 438. N° d'impression : 024748/4.
Dépôt légal : octobre 2002.
Premier dépôt légal : juillet 2002.

Imprimé en France